环球100

一生要去的100个地方

探险之旅编委会 编著

北京出版集团
北京出版社

图书在版编目（CIP）数据

一生要去的100个地方 / 探险之旅编委会编著. — 北京：北京出版社，2020.8
（环球100）
ISBN 978-7-200-15624-9

Ⅰ.①一… Ⅱ.①探… Ⅲ.①旅游指南 — 世界 Ⅳ.①K919

中国版本图书馆CIP数据核字(2020)第101441号

环球100
一生要去的100个地方
YISHENG YAOQU DE 100GE DIFANG

探险之旅编委会　编著
*
北京出版集团
北京出版社　出版
（北京北三环中路6号）
邮政编码：100120

网　　址：www.bph.com.cn
北京出版集团总发行
新 华 书 店 经 销
北京瑞禾彩色印刷有限公司印刷
*
710毫米×1000毫米　16开本　16印张　360千字
2020年8月第1版　2020年8月第1次印刷
ISBN 978-7-200-15624-9
定价：52.80元
如有印装质量问题，由本社负责调换
质量监督电话：010-58572393

前　言

　　一个不愿虚度一生、不安于现状的人，不会只盯着眼前的苟且，更不会将自己永远地局限在某一个地方。那就出发吧，去寻找属于自己的世外桃源，奢侈地享受岁月的静好、自然的恩赐，让自己的生活丰富多彩起来。

　　放下手头繁忙的工作，煮一杯香浓的咖啡，伴着轻柔的音乐，翻开手中的书，那灵动的文字和唯美的图片，会让你的心情顿时飞扬起来……

　　爱琴海、巴厘岛、普罗旺斯、夏威夷、香格里拉、丽江古城……这些浪漫又充满诱惑力的字眼，总能触动人们内心深处最隐秘的欲望。情定爱琴海，可以让人坚信会有柏拉图的永恒；巴厘岛上的浪漫情怀可以让男人无法自拔，让女人追寻浪漫华美爱情的奢华；一望无际的紫色花海谱写着普罗旺斯的浪漫诗篇；夏威夷的热带风情令人恍惚间仿佛置身于天堂；香格里拉依然留存着茶马古道的气息，古色古香的丽江古城依然是小桥、流水、青石板路……

　　这个时候轻轻地合上书，啜一口半冷的咖啡，一丝苦涩的浓香伴着悠长的回味慢慢浸润全身。于是不禁想：所有的梦想与幸福并不是遥不可及，也许它近在咫尺。

走吧,背上行囊,收拾好心情,带上《一生要去的100个地方》,来一场说走就走的旅行。让我们在古镇中放慢脚步,寻找理想中的生活;让我们在青山绿水间悠游,一起融入自然……

目录 CONTENTS

第一章 诗情画意的世外桃源

- 001　香格里拉 / 012
  纯净的高山大花园
- 002　德夯苗寨 / 015
  武陵源景区内的夜明珠
- 003　稻城亚丁 / 017
  蓝色星球上最后一片净土
- 004　羊角村 / 019
  每一栋房子都有故事
- 005　大力水手村 / 021
  《大力水手》拍摄地
- 006　卢塞恩 / 023
  掩映在湖光山色中
- 007　嵊山岛 / 026
  岛上的山村
- 008　吕德斯海姆 / 028
  散发着葡萄酒香的小镇
- 009　西递古镇 / 030
  古民居建筑的艺术宝库
- 010　秀巴古村 / 032
  藏族人民的智慧

第二章 自然造化的天地杰作

- 011　武陵源 / 036
  此景只应天上有
- 012　石林 / 039
  有生命的岩石
- 013　劣地国家公园 / 041
  荒凉的艺术
- 014　芙蓉洞 / 043
  游如画美景
- 015　科罗拉多大峡谷 / 045
  岩石刻就的书卷
- 016　黄石国家公园 / 048
  万园之王
- 017　金沙江虎跳峡 / 051
  缝隙中仰望蓝天
- 018　精灵烟囱 / 054
  魔法创造的奇迹
- 019　死谷 / 057
  在生与死中穿行
- 020　雅鲁藏布大峡谷 / 060
  地球上最后的秘境
- 021　撒哈拉沙漠 / 062
  神秘而危险的荒漠
- 022　骷髅海岸 / 064
  土地之神愤怒时的创作
- 023　东非大裂谷 / 066
  地球的一道"伤疤"

第三章
美丽温馨的乡野风光

024 婺源 / 070
一望无垠的油菜花田

025 丹巴 / 073
"千碉之国"

026 喀纳斯湖 / 075
彩色的梦

027 普罗旺斯 / 077
汪洋一片的紫色世界

028 托斯卡纳 / 079
飞翔在艳阳之下

029 梅花山 / 082
感受"天下第一梅山"之美

030 库肯霍夫公园 / 084
600万株郁金香美到极致

031 阿巴拉钦 / 086
激情中的温婉

032 苏士达 / 088
金环上的白色圣地

033 秋叶隧道 / 091
感受现实版的速度与激情

034 威吉斯 / 093
跨越时空的童话

035 向日葵园 / 096
跳跃着青春与活力的金黄光影

第四章
流光溢彩的时尚之都

036 伦敦 / 100
风景秀丽的泰晤士河绵延曲折

037 洛杉矶 / 103
狂野不羁的西部之旅

038 米兰 / 106
集似锦繁华与沉静安详于一体

039 都灵 / 108
王者之地的都市风情

040 戛纳 / 111
繁花盛开的沙滩海湾

041 悉尼 / 113
依山靠海的岛屿城市

042 巴黎 / 116
一座无与伦比的城市

043 罗马 / 119
神奇世界

第五章
心灵回归的朝拜圣地

044 青朴修行地 / 124
净化心灵的家园

045 墨脱 / 127
隐秘的莲花

046 蓝毗尼 / 130
世人瞻仰的圣地

047 拉萨 / 133
洗涤心灵的圣地

048 吴哥窟 / 135
毗湿奴的神殿

049 曼谷 / 138
包罗万象的"天使之城"

050 曼德勒山 / 140
灵魂的栖息地

051 菩提伽耶 / 143
空寂之城

052 泰姬陵 / 145
王妃之谜

053 恒河 / 148
天堂的入口

054 冈仁波齐峰 / 150
神灵之山

第六章
海风习习的阳光海滩

055 马尔代夫 / 154
浮游生物见证美好的青春时刻

056 巴厘岛 / 156
充满魔幻魅力的岛屿

057 鼓浪屿 / 159
中国的海上花园

058 济州岛 / 162
体验"韩国的夏威夷"

059 塞舌尔 / 164
最奢侈的度假胜地之一

060 毛里求斯 / 166
人间的伊甸园

061 夏威夷群岛 / 168
体验异域风情

062 斐济 / 170
南太平洋的"十字路口"

063 大堡礁 / 172
在热带雨林里寻找珊瑚

064 爱琴海 / 174
变幻莫测的多岛海

065 塞班岛 / 176
太平洋的壮丽海景

066 海南岛 / 178
行至天涯海角,爱到天荒地老

第七章
悠久历史的斑驳遗痕

067　雅典卫城 / 182
　　精神的守望者

068　庞贝古城 / 184
　　凝固的凄美

069　吉萨金字塔群 / 186
　　古埃及的名片

070　秦始皇陵 / 188
　　了解君王身后事

071　佩特拉古城 / 190
　　千年一梦

072　马丘比丘 / 192
　　追寻三毛的足迹

073　复活节岛 / 194
　　石像的故乡

074　夏塔古道 / 196
　　被遗忘的美

075　楼兰故城 / 198
　　消失的文明

076　交河故城 / 200
　　丝绸之路的文明

077　巴比伦古城遗址 / 202
　　人类文明的发祥地之一

078　巨石阵 / 204
　　历史的困惑

079　奇琴伊察古城遗址 / 206
　　辉煌的见证

第八章
壮丽雄伟的生命乐章

080　埃特纳火山 / 210
　　喷发次数最多的火山

081　富士山 / 212
　　沉睡的浪漫火山

082　珠穆朗玛峰 / 214
　　挑战地球之巅

083　梅里雪山 / 216
　　雪山之神

084　神农架 / 218
　　幽境探秘

085　长江第一湾 / 220
　　惊心动魄的美

086　维苏威火山 / 222
　　暂时睡着的火山

087　锡安山国家公园 / 224
　　神圣之地

088　乞力马扎罗山 / 226
　　最惬意的清凉

089　马特洪峰 / 228
　　欧洲群山之王

090　贡嘎山 / 230
　　瑶池仙境

091　乔戈里峰 / 232
　　世界第二高峰

第九章
历史中游荡的人文景观

- 092　故宫博物院 / 236
  世界最大的宫殿建筑群
- 093　阿尔汗布拉宫 / 238
  风格繁复而精致
- 094　敦煌莫高窟 / 240
  令人向往的佛教圣地
- 095　都江堰 / 242
  人类治水工程的典范
- 096　台北101大楼 / 245
  最适合欣赏台北夜色的地方
- 097　巴黎圣母院 / 247
  巴黎最经典的建筑
- 098　圣索菲亚大教堂 / 249
  土耳其的辉煌
- 099　金门大桥 / 252
  雄峻依旧，见证着人类智慧
- 100　东京塔 / 254
  欣赏东京的最佳观景点

第一章

诗情画意的
世外桃源

香格里拉

纯净的高山大花园

三江并流的恢宏气势和独克宗古城的藏族民居群,以及普达措国家公园的美景,令香格里拉如世外仙境

国别:中国	最佳旅游时间:5月至7月、
位置:云南省西北部	9月至10月

白塔是香格里拉最常见的标志之一

在云南省的西北部,有著名的三江并流景观,而在三江并流风景区的腹地,有一座美丽的城市,这便是香格里拉。这是一座以藏族为主体民族的城市,同时在这里也居住着汉族、白族、彝族、纳西族等10多个民族。因此,这也是一个文化多元化的城市。

香格里拉的原名为中甸,"甸"在彝语中意为"平地""坝子"。1997年,云南省政府考察全省景点时,发现这里的风景异常优美,当即召开新闻发布会,宣布举世寻觅的世外桃源——香格里拉就在迪庆。香格里拉,在藏语中意为"心中的日月"。政府之所以将中甸改名为"香格里拉",正是因为它的美景堪与日月同辉。

香格里拉地处青藏高原,海拔相对较高,最高点巴拉格宗雪山海拔5545米,最低点洛吉吉函海拔1503米。从甘孜出发沿着公路往香格里拉行进,沿途可以看到香格里拉河谷、山地和高原融合的地貌,非常美丽。而独特的地貌和气候,也使香格里拉没有一丝污染。在这里,你可以尽情地深呼吸,没有任何污染的空气,会让你周身都很舒

哈巴雪山巍峨壮观，雪山下的杜鹃花竞相开放，景色宜人

服，真切体会到大自然的纯净和美好。

香格里拉的美景很多，雪山、森林公园、湖泊、湿地，比比皆是。从县城往东南方向，地势逐渐升起，大约130千米处，一座雪山便出现在眼前，这就是以寒温带气候著称的哈巴雪山。雪山上有石滩、高山和悬崖，遍布各种野生植物，更有无数野生动物在其间栖息生存。漫步在哈巴雪山，你会有一种与大自然融为一体的感觉。

杜鹃花是哈巴雪山的名片，整座山都长满了杜鹃树。每年花期，杜鹃花破雪绽放，红艳艳的花朵从山脚一直延伸到山顶，与白雪交相辉映，甚是迷人。倘若此时来到哈巴雪山，看漫山红花白雪，你一定会为之惊叹。顺着山径行走，开得早的杜鹃花已经凋谢，花瓣飘落下来铺满山径，游客们在花瓣铺成的路上行走，一边走一边惊喜地喊叫。这种在花

香格里拉普达措国家公园风景优美

上漫步的体验，大概也只有在哈巴雪山才能享受到吧。

到了山顶，只见山顶上面的积雪巍峨壮观，风光极为秀美。无论冬夏，哈巴雪山的山顶都是白雪皑皑，堆银积玉。盛夏时节的哈巴雪山景致尤为漂亮，山腰的森林翠绿翠绿的，山顶的白雪晶莹剔透，置身在这样的风景中，似有流云忽上忽下地舞蹈。恍惚中不知道自己是在人间，还是仙境。

在哈巴雪山，还有成片的草地，这是当地的天然牧场。每年的六七月份，是草地最繁茂的时节。这时可以带上帐篷，约上三五好友，来到哈巴雪山。选一块开阔的草地扎营，在雪山深处野营几天，吃最天然的食物，喝最纯净的山泉水，体验一把世外桃源的生活。

如果觉得爬雪山太辛苦，那么可以去普达措国家公园游玩。位于香格里拉东面22千米处的普达措国家公园，原始生态保护得非常好。在这里，你能看到森林、溪流、湖泊、湿地、河谷、草甸等。因为没有任何工业污染，所以普达措国家公园的空气质量达到国家一类标准。

在香格里拉的任何角落，你都能呼吸到在城市里没有的清新空气，它直达心底，让你欲罢不能。

002

德夯苗寨
武陵源景区内的夜明珠

在远离世俗的峡谷里，苗族的神秘风俗与峡谷秀丽的景色相得益彰。

国别：中国
位置：湖南省吉首市矮寨镇
最佳旅游时间：全年

在湖南的吉首市西边，有一个秀美而险峻的峡谷，这里有高耸的绝壁，有清浅的溪流，还有四季绿意盎然的山谷。曾经有人写了一首诗这样赞美它："一人盘古到如今，绝佳蓬莱何处寻？莫向神仙问出处，湘西德夯醉游人。"

苗寨优美的风景

苗寨的木房子是这里的一大特色

在这里,苗族人修建寨子,开垦田地,世世代代在这里繁衍生息。在这个远离尘嚣的地方,他们过着男耕女织的生活,日出而作,日落而息,非常惬意和舒适。在众多的苗寨中,德夯苗寨最美。"德夯"在苗语中就是"美丽峡谷"的意思。

德夯人之所以用"美丽峡谷"来为自己的村寨取名,是因为他们的寨子坐落在峡谷里最美丽的地段。在这里,能看到盘古峰、流沙瀑布、天问台和三姊妹峰。那些山峰掩映在原始森林里,不能近看,只能远观,但只是远看就已经让人惊叹了,它们如名字那般惟妙惟肖,让人不由得感叹大自然的鬼斧神工。

流沙瀑布是可以到近处欣赏的,它位于九龙溪的源头,落差高达216米,据说是中国之冠。欣赏流沙瀑布有3种方式,一种是沿着山路走到瀑布里面,贴着山壁缓缓而行,任瀑布在空中飘荡的水雾撒在脸上、手上,感受那沁人心脾的凉意。一种是乘坐竹筏从水面上靠近它,感受瀑布落在溪水中溅起的水珠,如珍珠、宝石,晶莹剔透,美不胜收。第三种便是站在远处眺望瀑布,只见水流从200多米的高处飞流直下,如白练一般。

九龙溪是德夯苗寨的魂。它穿寨而过,滋养着德夯苗寨的儿女们。苗家的吊脚楼倒映在溪水里,似一幅写意画,溪边的水车洋溢着少数民族风情。每到雨季的时候,溪水暴涨,水车便吱吱呀呀地转动起来,那是苗寨最动听的音乐。

天问台位于德夯的上方。在峡谷顶端有一个突兀的山峰,山巅上有一块平台,圆而平坦,四周都是深谷。站在平台上向下张望,万丈深渊看不到底,抬头仰望苍穹,仿佛能与苍天对话。这个天问台的名字,倒是非常贴切。

与峡谷里绝妙的风景相呼应的是德夯苗寨里的苗族风俗,在这里你能看到苗族拉鼓、苗王出迎、敬酒对歌,还有苗族服饰展览和苗寨婚俗表演。那充满浓郁少数民族风情的表演非常新奇,让人仿佛置身在世外桃源一般。

它的景致保持着在地球上几近绝迹的纯粹，不愧为"中国香格里拉之魂"。

稻城亚丁
蓝色星球上最后一片净土

国别：中国
位置：四川省甘孜藏族自治州稻城县

最佳旅游时间：4月、5月、9月、10月

　　和一个能放下一切去旅行、去感受、去流浪的人一路同行，去看看这个世界。如果我们看到了，那我们是幸福的；如果我们找到了，那我们也是幸福的。可是哪个地方会这么美呢，毫无疑问这个地方就是稻城亚丁。

　　彩林、雪峰、清溪、草甸、高山湖泊、原始森林，共同构成了自然风光迷人的稻城亚丁。自英国作家詹姆斯·希尔顿创作的小说《消失的地平线》问世以来，作品中描绘的永恒、和平、宁静的地方——香格里拉引起了人们无限的向往。可是香格里拉在哪里呢？香格里拉在云南迪庆。但你可曾知道，在四川境内也有一个"香格里拉"，那就是稻城，它的美丝毫不逊色于迪庆的迷人风光，它的美同样叫人无法忘怀。

　　稻城的三座雪峰，终年冰雪皑皑，纤尘不染。雪峰上面交错着条条冰川，其间生长着繁茂的森林和肥美的草原。冰川洁白无瑕，阳光照射，仿佛水晶般透明。繁茂的森林在上空俯瞰好似一片绿色的海洋，微风吹过，好似鱼儿在海洋中雀跃不

辽阔的草甸、五彩斑斓的森林，犹如走进一幅油画

○ 每逢金秋，湖边的水草都变成了红色，非常神奇壮观

已。肥美的草原是如此辽阔，满眼是不知名的花儿、草儿，绿草环绕着红花，远处几只牛羊悠闲地漫步。

稻城拥有着省级自然保护区海子山，位于稻城北部，是青藏高原最大的古冰体遗迹，有"稻城古冰帽"之美称。站在海子山上，极目远眺，天地无止境，景色壮观，撼人心魄。相传海子山是恐龙生息繁衍的地方。

稻城南部屹立着巍峨的高山——俄初山。它高峻而巍峨，挺拔却不失俊俏，像一位美貌的女子坐在云霓之间。秋季，层林尽染，万山红遍，在阳光下闪闪发光。

稻城的红草地上，湖水或者沼泽边生长着秋草，在周围或黄色或绿色的青杨树的衬托下，显得更加炽烈而鲜艳，与远处的山峦、蓝天、白云一起，构成了一幅绚烂的稻城风景图画。

稻城的大寺院建筑随处可见，体现着浓郁的宗教色彩；异彩纷呈的民俗风情以及节日等无不受到宗教影响，散发出难以阻挡的魅力，使得雪域之外的人们也纷纷走进这片胜地，领略它那古朴独特的文化气息。

受够了城市里的喧嚣，一直在期待一场与众不同的旅行，金秋九月，来稻城亚丁吧。稻城是大自然的杰作，是世界的风光宝库，是野生动物和植物的天然乐园，由衷地喜欢这里——蓝色星球上最后一片净土。

羊角村

每一栋房子都有故事

国别：荷兰	最佳旅游时间：全年
位置：上艾瑟尔省	

用当地特产芦苇编织成的屋顶，构成当地绿色屋顶的奇观，羊角村也因此获得"绿色威尼斯"的称号。

现在如果有人告诉你，有一个地方没有汽车、没有公路，你会相信吗？在高速发展的21世纪，难道还有这样的地方？没错，荷兰的羊角村正是这样一个地方。

羊角村里没有公路，只有纵横密布的河网和176座连接各户人家的小木桥。在这里，

风景优美的羊角村犹如仙境般迷人

羊角村的每一个木房子都有着它的故事

你会发现家家户户都有快艇，因为这就是他们的交通工具。

每天清晨，推开窗户，你会看到各种鸟儿从花园里飞过。邮递员驾着快艇停泊于各家门口的码头；有一家结婚，新娘坐着装饰一新的快艇溯流而上，宛若芙蓉花开在水中央。

这是一个宁静的小村庄，有人把它比作威尼斯，但来过这里的人都说，这里比威尼斯好，因为威尼斯太嘈杂，而羊角村拥有威尼斯已经失去的幽静和悠闲，如世外桃源一般。

700多年前，荷兰人在荷兰的北部建造了羊角村。700多年来，这里一直保持着当初纯净的模样，不受世俗污染。倘若有人驱车来到这里，必须先把车放在村外才能进村，任何人都不例外。

对环境保护固执的羊角村村民对游客却很热情，有游客前来的话，村民们即使在忙自己的活儿，也会先停下来打招呼。他们的生活节奏非常缓慢，平日仿佛也看不到他们出去工作，大部分的时间除了侍弄花草就是收拾自己的小屋。

行走在羊角村，游客们还能不时看到圆角形的屋顶，这些屋顶是用芦苇编制而成的，因芦苇耐用，且芦苇屋顶有着冬暖夏凉的调温作用，成为羊角村的一大特色。

羊角村是一个度假胜地，如果有机会，一定要去这里看看，享受这个宁静的小村庄。

一部《大力水手》电影带火了这座村庄

大力水手村
《大力水手》拍摄地

 国别：马耳他　　最佳旅游时间：全年
位置：梅雷赫湾附近

　　在马耳他，有一个村庄因为一部电影，从此成为著名的旅游景区，这就是闻名遐迩的大力水手村。之所以叫这个名字，是因为20世纪80年代的著名影片《大力水手》就是在这里拍摄的。

　　现在，这里已经变成了一个主题公园，公园里的娱乐项目全部都和大力水手有关，有水上娱乐、酿酒厂、游船、锯木厂、面包房、理发店等。只要你到了这里，就能体验到大力水手的生活场景。除此之外，村庄里的那些刷了油漆的树干也是一大亮点，它们可是从荷兰远道而来的，光油漆就用了七八千升呢。不过也正是因为如此用心，大力水手村才能在几十年以后还依然保持着当初的面貌。

　　和其他村庄有所不同，大力水手村的位置非常偏僻，它位于大山的海湾里，非常隐蔽，村庄与外界的联系只有一条小小的公路，如果不是《大力水手》，只怕没有人会知

大力水手村高高低低的木房子和长长的栈道是这里的一道风景

大力水手村优美的风景

道这里。

不得不承认,大力水手村的风景真的很美,长长的栈道,高高低低的木房子被涂上鲜艳的颜色,海面上有涂着明亮颜色的小船,远处是一望无际的大海,身后是清秀的山林。一切都是那样和谐,让人感觉闲适和宁静。

走近房屋,你会发现那些房屋虽然好看,但却摇摇欲坠,让人心惊。不过,你千万不要以为这是危房,它可是当年剧组特意建造成这样子的,以便追求最逼真的效果。为了达到最佳的效果,剧组只是搭建这个村庄就动用了165个工人,耗费了7个月时间。用心总是会有回报的,《大力水手》电影一上映就大受欢迎,而且历经几十年依然拥有大量的粉丝群。这些喜爱《大力水手》的人们都有一个心愿,那就是亲自来大力水手村看一看。

为了把主题公园办得红红火火,当地政府还特意建造了很多相关的景点,并请工作人员扮演电影中的角色。在这里行走,你或许迎头就能碰上布鲁托或奥利弗,还有可能是大力水手哟!

卢塞恩

掩映在湖光山色中

你喜欢历史遗迹吗？悠长的岁月给这座城市留下了无尽的宝藏。在这里，你既能体会中世纪元素的美，也能捕捉到现代的气息。

国别：瑞士	最佳旅游时间：6月至9月
位置：瑞士中部，卢塞恩湖的北岸	

俯瞰卢塞恩的美丽风景

卢塞恩，被誉为"世界最美的蚌壳中的珍珠"，是瑞士最美丽的城市之一，这里完好地保存了中世纪的风貌，也成为欧洲的"蜜月之乡"。这里有令人怀旧的廊桥，湖上优雅的白天鹅，天空翱翔的海鸥，风光旖旎，让人留恋不已。

卢塞恩湖湖水流入罗伊斯河，河流将市镇隔为新城和旧城两部分，一边是古老淳朴的

卢塞恩卡佩尔廊桥壮观而美丽

老城，一边是秀丽端庄的新城。河面上架有著名的卡佩尔廊桥以及其他数座桥梁。

卢塞恩的古城区小巧玲珑，主要景点都可步行到达。在历史悠久的卢塞恩，中世纪的教堂、塔楼，文艺复兴时期的宫殿、邸宅，以及百年老店、长街古巷等，都集中在老城。湖光山色映照着城中美景，悠游其间，亦真亦幻。许多艺术家选择在这里居住，以获得创作灵感。这里的每个角落都是清肺的绝好场所。

罗伊斯河的水十分清澈，常能看到天鹅、野鸭在河面上惬意地游来游去。在河边漫步，感觉身心舒畅。两岸的小城风光更是令人陶醉。卢塞恩湖岸边有不少的高山，如皮拉图斯峰、瑞吉峰等，湖光山色构成典型的瑞士风景，美不胜收。

在卢塞恩，广场均以鹅卵石铺砌，人字形小屋的墙上是五颜六色的花草彩绘，清新而美丽。每年来自世界各地的游客，都被卢塞恩壮丽的风景吸引。到了这里，游客可选择乘车，也可选择乘船游览卢塞恩湖边的各大城镇。这个美丽的湖泊被阿尔卑斯山脉环绕，它是由雪山融水汇集而成的湖泊，因此湖水特别清澈。漫步湖畔享受山水的宁静，看湖里的

卢塞恩湖畔美丽的小村庄，景色迷人

天鹅优雅地戏水，也是一种享受。

　　游完了水，来看看山吧。铁力士山是瑞士中部的最高峰。铁力士山的山顶终年被积雪覆盖，山上有万年冰川。在雪山上，游客可以进入到冰洞，触摸原始冰层；可以在冰川上漫步，俯瞰下面的风景。胆大的游客，可以乘坐"冰川飞渡"的吊椅，体验飞跃冰川裂缝的刺激感觉；喜欢安静的游客，可以在山顶的餐厅选个合适的座位，一边用餐，一边看白雪皑皑的群山风景，也是非常惬意的享受。

　　卢塞恩这座小城，如蚌壳里的珍珠一样，散发着迷人的气质。如果有机会，一定要去游玩一趟。

嵊山岛
岛上的山村

丰富的水产品资源和美丽的海岛风光,让嵊山岛成为名副其实的"聚宝盆"。

 国别:中国
位置:浙江省舟山市嵊泗县
最佳旅游时间:全年

房屋被绿色植物覆盖着,变成一个个美丽的绿房子

　　嵊山岛中的"嵊山",古称陈钱山,又称尽山。当地人说,这里是东海的西边门户,所以是太阳的故乡。这个说法很有趣,我们都说"西天",嵊山岛也就是东海的"西天"了。

　　到嵊山岛看海是非常享受的。嵊山岛周围的海水是青蓝碧绿的。在嵊山岛上看大海,

◉ 嵊山岛是个安静美丽的小渔村

不但能够看到清澈温柔的海水，而且也能看到大海气势磅礴的一面。在嵊山岛的东侧，有一个上百米高的悬崖。那里也是嵊山岛上最值得一去的地方，可以步行而至，也可以租车前往。山脚下有通向山顶的小路，步行的话，差不多1小时就能到达。如果租车就要快一些，但也不会送达山顶，而是送到山脚下。

站在悬崖上往下看，风大浪急，海水拍打在悬崖上，溅起阵阵浪花，涛声如雷，让人心惊胆战。悬崖上怪石嶙峋，草木丛生。置身其间，听着脚下惊涛拍岸，眺望远处海天一色，苍茫之间，有帆船点点，让人心中顿生与天地融为一体之感。

嵊山岛不仅有美丽的风景，嵊山岛人的日常生活更吸引人。嵊山岛人以打鱼为生，所以海鲜特别多，也特别新鲜。当地人把当天打来的海鲜分类，一半运走，一半留下来给当地人做食材。这些海鲜被送到水产市场里，供人们挑选。当地人买了拿回家，做一日三餐的美味。要是外地游客去了，也不用担心，市场外面就有小饭店可以加工。自己挑好食材，只需要交纳非常低廉的加工费，就能吃到新鲜美味的海鲜了。

嵊山岛是个安静的地方。这座小岛，自然之中透露出精致唯美。如果在这里住下来，每日看看海，偶尔想想事，是件惬意舒心的事。

嵊山岛是海上的岛，也是岛上的山村。

吕德斯海姆

散发着葡萄酒香的小镇

高达2700万瓶葡萄酒的年产量,让吕德斯海姆成了名副其实的葡萄酒城;繁华的画眉鸟街,又让吕德斯海姆成为莱茵河上著名的乐园。

国别:德国　　最佳旅游时间:4月至10月
位置:莱茵河畔

画眉鸟街有着迷人的文化风情

　　德国盛产葡萄酒,在境内很多地方都种植葡萄用来酿造葡萄酒,但从来没有一个地方像吕德斯海姆小镇这样,每年能生产出2700万瓶葡萄酒。如此高的产量让吕德斯海姆小镇当仁不让地成为德国著名的葡萄酒产区。

　　吕德斯海姆小镇坐落在莱茵河的岸边。一片舒缓的山坡上,森林密布、繁花似锦,小镇就坐落其间。到达小镇的方式有很多,可以自驾,在南岸的蒂宾根城出发,沿着公路一直往北到莱茵河岸边,乘坐渡轮到对岸,吕德斯海姆小镇就到了。因为吕德斯海姆小镇紧傍莱茵河,有很多游船都从这里经过,可以选择乘坐游船顺着莱茵河到达吕德斯海姆小镇。

　　无论从哪一个方向出发、选择以怎样的方式到达吕德斯海姆小镇,首先看到的都是小镇的全貌。远远地眺望,一眼就能看到山坡上那广阔的葡萄园。等到葡萄成熟的季节去葡萄园,能看满架的葡萄铺天盖地。清澈的莱茵河水和充足的阳光,为吕德斯海姆的葡萄创造了最好的生长条件,它们像一串串珍珠悬挂在葡萄架上,那景致简直美极了。

　　与葡萄园相比,吕德斯海姆小镇就比较小巧,它就像一个乖巧的孩子坐落在山坡上。小镇上的建筑都极富色彩,白色的外墙、红色的屋顶,重重叠叠,其中还夹杂着古堡,那

◉ 莱茵河畔的吕德斯海姆小镇风景优美

尖尖的屋顶很有历史感；远看又像是小孩子们堆积的积木，非常精巧。

走进小镇，镇上的小房屋都是木质结构，无论历史是否久远，木屋都保存得非常好，看得出小镇的居民非常用心地在守护着他们居住的家园。小镇不大，只需一个多小时就能转完，麻雀虽小，却五脏俱全。小镇上各种设施都有，博物馆、火车站、酒馆等，但好像是为了配合小镇的风格一样，这些设施都很小，就连日耳曼尼娅女神像都是小小的。小巧而精致，是吕德斯海姆小镇的特色。

小镇上有一条名叫画眉鸟街的巷子，这是一条在整个德国都很有名的巷子。每年有数十万人来到吕德斯海姆小镇，他们来了之后，除了去葡萄园参观，便在这条巷子里游荡。在这里，能品尝到各种口味的葡萄酒，而这正是吕德斯海姆小镇的精髓，应该这样说，走在画眉鸟街，便触摸到了吕德斯海姆小镇的灵魂。

稍微懂一点葡萄酒常识的人都知道雷司令葡萄酒，那是德国葡萄酒中最有名气的一款。它口味丰富、口感细腻、果酸适宜，非常美味，而且能和世界上任何一款菜肴搭配，因此雷司令葡萄酒有"德国葡萄酒女王"的美誉。这款醉倒众生的酒，原产地就是吕德斯海姆。吕德斯海姆小镇的美酒名扬天下，除了超高的产量之外，雷司令葡萄酒也是一个重要的因素。

小镇因葡萄酒而闻名，所以小镇上的葡萄酒博物馆是一定要去看一看的。博物馆不大，但内容极其丰富。在里面，你可以了解葡萄酒的整个历史和完整的酿造过程。而且在这里，你还能品尝到各种各样的葡萄酒。

漫步在画眉鸟街上，品着美味的葡萄酒，你会发现自己根本舍不得离开这座小镇。

西递古镇

古民居建筑的艺术宝库

典雅素净的徽派建筑,奠定了西递为古民居建筑的艺术宝库的地位。

国别:中国
位置:安徽省黟县东部
最佳旅游时间:全年

西递牌坊,是西递村的标志性建筑

黄山脚下有很多古村镇,那里的徽派建筑美轮美奂,尤其是南麓的西递和宏村古镇,被称为"皖南古村镇的双生姐妹花"。它们因保存有完整的徽州民居和悠久的历史文化底蕴而著称于世。其中西递更是被世人誉为"桃花源里人家"。

西递古镇位于黟县县城东8000米处。在半山处的观景台环顾西递，只见西递坐落在连绵起伏的山峦之间，在天地间是那样和谐自然。西递依山傍水而建，平面布局如船形，在烟雨蒙蒙中，宛如一艘白色的小船停泊在大海中。这让人不禁叹服当初修建这座村落的先人们的智慧。

关于这个村子的名字有一段故事，因有几条河顺着这个村子从东往西流，所以最初村子名为西川。后来，官府在这里设置了驿站，因此改名为西递。

◉ 西递美丽的风景

一座雄伟的牌坊高高耸立在村口，这便是兴建于明朝的胡文光牌坊，也称西递牌坊。穿过牌坊，便进入了西递。

西递多雨，在雨地里逛西递是件浪漫的事情：撑开一把油纸伞，沿着青石板铺成的小路漫步在西递蜿蜒曲折的巷子里，但见那一幢幢错落有致的民居，古色古香，白墙青瓦，飞檐翘角，处处透着古朴和典雅。而古朴和典雅，也正是古镇的魅力所在。

一个古镇的魅力，不光是表面所流淌着的这一切，而是湮没在岁月之河的文化底蕴。这样的文化在西递随处可见。每户人家的门楣上都镌刻着精美的楹联，有"世事让三分天宽地阔，心田存一点子种孙耕"，有"几百年人家无非积善，第一等好事只是读书"，还有"世人厚德传家，儒雅修身为本"等。这些楹联都是西递的先人们留给子孙后代的处世哲理，虽然先人们已经作古，但这些楹联却时刻散发着清幽的暗香，熏陶着一辈辈的西递人。

除了楹联，各个古宅里的墨宝也是一景。有一户人家的墙上，挂着一个大大的"孝"字，这个字上面的起笔一横是一个兽脸，而落笔则是一个笑脸，如果没有了笑脸便只剩下兽脸，这表示对老人要笑脸相迎，温言相待，否则便是一个畜生。

"黟县小桃源，烟霞百里间。地多灵草木，人尚古衣冠。"这是李白对这片风景的赞美。而这样优美的风景，再加上古老的文化和淳朴的民风，不禁让人沉醉于西递的街头巷尾，久久不忍离去。

秀巴古村

藏族人民的智慧

即使在今天，著作等身的建筑学家在它们面前依旧赧颜，工艺的精奇，工程的浩大，造型的优美都让他们赞叹不已

国别：中国
位置：西藏自治区林芝市工布江达县
最佳旅游时间：全年

在浩瀚的历史长河中，多少王朝兴盛衰败，多少英雄风起云涌。曾经辉煌的吐蕃王朝，传唱千年的史诗，伴随着沧海桑田的巨变，早已尘埃落定。只余下一个个古堡栈道，虽历经变迁，却默默见证着风云变幻。

松赞干布出生地，在蓝天下显得十分神圣

祈福塔，已成为藏族人民心中祈求平安幸福的灵塔

秀巴古村，位于林芝市工布江达县，其最主要的景点便是秀巴古堡。古堡群原本有7座古堡，但由于年久失修，现仅存5座古堡，高低错落。这些古堡高度在50～60米，相隔30~50米，古老而又神秘，当地人称之为"千年古堡"。当地还流传着这样的一个传说：秀巴古村是格萨尔王征服妖魔的一个战场，这些古堡就是妖魔钦巴那波的居所，堡垒异常坚固，战事持续了3年依旧攻不下来。之后的一天，格萨尔王在梦里得到了神明的指示，知道了妖魔在黎明时分法力最弱，用弓箭即可伏魔。格萨尔王于是派出神箭手登上古堡对面的山坡，在天刚刚破晓之时发起进攻。一支支利箭射向古堡，除掉了妖魔。现今古堡上还留有被利箭划过的痕迹，证明了这不仅仅是传说。

还有一种说法，古堡是松赞干布为了方便军队联系以及屯兵防御而修建的。这些古堡由片石和木板构建而成，顶层嵌有瞭望孔，可以观察远处的动静，也能防御，可以向攻来的敌人射箭，还可以燃放狼烟传递消息，可谓是功能齐全。古堡周围散落的断壁残垣是以前藏族人的住房，高大的古堡与低矮的村舍相互映衬，形成了一个完美的整体，也使得它成了一个易守难攻的体系，固若金汤。松赞干布为统一吐蕃，四处征战，每统一一个地方就修建一座古堡，作为其统治的标志，向人们昭示自己的强大。

无论是天赋神力的格萨尔王，还是英明勇敢的松赞干布，他们的伟大事迹在这里世代传唱，既是藏族人民对祖先的追思向往，亦代表了一种远古的荣耀。但世事变迁、沧海桑田，这些英雄人物早已湮没在历史的洪流之中，只余下沧桑的古堡昭示着昔日的辉煌。

这些古堡是失落的文明，是历史的余光，虽历经千年，依旧高大雄伟、气势磅礴。它们与附近的村舍相互衬托，当站在它们的面前时，你会发现，原来想象是不需要翅膀的。在这里，你的想象会被无限地扩大开来，飞到战火弥漫的战场，飞到利箭纵横的山坡，无论是哪一种，都会令人唏嘘不已。

第二章

自然造化的
天地杰作

武陵源
此景只应天上有

山谷中生出的云雾缭绕在层峦叠嶂之间,云海时浓时淡、石峰若隐若现,景象变幻万千。

国别:中国	最佳旅游时间:4月、10月
位置:湖南省张家界市	

奇峰异石,突兀耸立

世界上没有一个地方像武陵源这样汇聚了如此多的美景奇观。当它第一次呈现在世人面前时,就将所有的人震惊了、迷住了。陶渊明曾经在他的《桃花源记》中记述一个武陵人找到了一处没有战乱、没有世俗纷争的世外桃源。这让千百年来无数人苦苦地寻找它,最后以为它真的只存在于文学作品之中,直到人们看到了武陵源。

武陵源风景名胜区位于湖南省西北部,由张家界、索溪峪、天子山、杨家界四大部分组成。这里属于世界上罕见的砂岩峰林地貌,这里的风景没有经过任何人工雕琢,到处都是石柱石峰、断崖绝壁;到处都是古树名木、流泉飞瀑;珍禽异兽在深林中潜伏,奇花异草在云雾中怒放。置身其间,犹如到了一个神奇的世界和趣味天成的艺术山水长廊。

这些突兀的岩壁峰石造型若人、若神、若仙、若禽、若兽、若物,变化万千

武陵源以奇峰、怪石、幽谷、秀水、溶洞闻名于世,3000多座石峰千姿百态,耸立在深幽沟壑之中。这些突兀的岩壁峰石,连绵万顷,造型若人、若神、若仙、若禽、若兽、若物,变化万千。每当雨过天晴或阴雨连绵天气,山谷中生出的云雾缭绕在层峦叠嶂之间,云海时浓时淡,石峰若隐若现,景象变幻万千。五指峰,5根并列的石柱,长短不一,间隔有致,极像伸开的5个手指。摘星台,顶部向南空悬,像游泳池中的高台跳板,明月当空,站在台上,满天星斗似伸手可摘。玉瓶峰,高100多米,肚圆颈细,像一只玉

南天一柱，有顶天立地之势，仿若刀劈斧削般巍巍屹立于张家界

做的花瓶，置于绿树花丛之间。天桥，两端与地面相接，似一弯弦月，桥两边是绝壁深谷，惊险无比。后花园，一条豁朗的山谷，有数十座小巧石峰分布其中，谷间花木茂盛，流水潺潺，百鸟鸣啼，清寂幽雅，两个斜圆门为巨大石壁崩塌而成，浑圆双拱，极像月亮门。金鞭岩，上细下粗，顶端尖削，宛如一根长长的金鞭插在地面。

溪流蜿蜒曲折，穿行于石林峡谷之间，它们聚成水潭，形成飞瀑，或缓流潺潺，或急流激荡。溪流边开满各种鲜花，每逢春季落英漂浮在流水中，将整条溪、整个池塘都熏染得香香的。众多的瀑、泉、溪、潭、湖各呈其妙。金鞭溪是一条十几千米长的溪流，从张家界沿溪一直可以走到索溪峪，两岸峰林对峙，倒映溪间，别具风味。那些幽深的峡谷，处处透着秀气、仙气，走在石质的山路上，足音在空谷中回荡，让人心灵也放空了，一切世俗之事都忘记了。

富有特色的武陵源溶洞有大大小小40余个，数量和规模都居世界溶洞群前列。在众多的溶洞中，长7.5米的黄龙洞最为著名，这个有"东南亚岩溶景观缩影"称号的溶洞共有4层，景观都很奇特。

武陵源美如仙境，无论是春、夏、秋、冬，还是阴、晴、风、雨，武陵源都很美丽，都能展示给游客各不相同的一面：云海来时，让人飘飘欲仙；云海一旦涨过峰顶，便化身瀑布，飞流直下，气势磅礴。

这里的石头会"发芽",长成千万株树木,汇成广阔的森林;这里的石头会"开花",开出的花色彩鲜艳,组成世上最美的花园。

石林
有生命的岩石

国别：中国
位置：云南省昆明市
最佳旅游时间：全年

最早看到昆明石林,是在烟盒上,白色的盒纸上,寥寥几笔淡墨,一处充满诗情画意的石林就展现在人们的面前。总觉得这仅仅存在于艺术当中,可一旦真的见到了昆明石林,你就会从心里惊叹大自然的伟大,感慨造化竟然是如此神奇!那山、那石、那水、那雾都是那么秀丽、那么幽奇,仿佛它们真的从水墨画中出来,还带着书画般的淡淡墨香。

古人有诗云"此景只应天上有",昆明石林便是这样一处本应天上才有的奇观。亿万年前的地壳运动在这里留下了壮丽的足迹,也就是这连绵无际的怪石景观。这是一座名副其实的由岩石组成的"森林"。穿行其间,但见怪石林立,突兀峥嵘,姿态各异。无数的石峰、石柱、石笋、石芽或是孤立,或是丛生,如参天巨杉,如簇簇灌木,如婀娜杨柳,如古怪松柏。加之流水潺潺,地势起伏多变,石林中形成了集奇石、瀑布、湖泊、溶洞、峰丛和丘陵于一身的千姿百态的自然奇观。也正是因为这样,它和吉林雾凇、长江三峡、桂林山水并列为中国四大自然奇观。

石头,总是给人一种冷峻、生硬、呆

壮观的昆明石林

灰黑色的石柱直插云天，震撼天际

板的感觉，然而在昆明石林中完全不是这样，这里的石头仿佛有了灵性，有了生命，它们不仅"活了过来"，而且生机勃勃。有人说这里的石头会发芽，长成千万株树木，汇成广阔的森林；这里的石头会开花，开出的花色彩鲜艳，组成世上最美的花园。的确，当你看到石林时，你会觉得它是有生命的，你会相信那些怪石在夜深人静的时候一定也会像旁边的树木一样努力地生长。

走在石林之间，目光所到之处，全是鲜活的生命。手持长矛的卫兵、没有胳臂的维纳斯、枝头婉转鸣叫的杜鹃、水中自由游弋的鲨鱼、抚摸自己胡子的老人、怀抱爱子的母亲、昂首迈步的大象、迎风翱翔的雄鹰……

那些神奇的石头错落有致地站在那里，炫耀着大自然赋予的灵气，你会怀疑它们是否原本就是一个个鲜活的生命，不知道是谁将它们施了魔法，永远停留在这一刻。那一头头野象、一群群雄狮、一只只秃鹫仿佛随时都能醒来。那阳光下盛开的花朵、草地上突兀的白莲、树上结着的一串串牡丹，红英映日，绿萼蔽天，让人宛如在梦中游荡。

可以说石林就是一座巨大的自然石景艺术宝库，只要你有想象力，在这里你什么都能找到。林内峰回路转，曲径通幽，移步易景，使人如入迷宫仙境，游者莫不流连忘返，赞不绝口。景区内还建有狮子亭、望峰亭、石台、石凳等供人小憩。各种当地风味小吃、民族歌舞、民俗艺术品也都具有较高的欣赏价值和文化内涵，让人乐而忘返。

013

劣地国家公园
荒凉的艺术

它虽然有一个"恶名",但绝对是个好地方!

	国别:美国	最佳旅游时间:全年
	位置:南达科他州西南及内布拉斯加州西北	

月光笼罩荒野,为劣地国家公园增添了几分神秘

劣地国家公园又译为巴德兰兹国家公园,"巴德兰兹"来自音译,意思是劣地。在世界上许多地方都发现过劣地地貌,这种地质构造通常在半干旱气候中形成,以无数峡谷、山脊以及稀疏的植被为特征。美国南达科他州西南的这片劣地地貌最具代表性,也是最先使用这一称呼的地区。

这里曾经被人们视为恶劣的土地,它既没有广袤的平地可供耕种,又没有一望无际的草场用于放牧,甚至连可供栽种果树的山地都没有。然而,正如老子所言"无用之用是为大用",它获得"恶名"多年以后,人们才发现了它的价值。这里有奇形怪状的土丘、巨石,这里有四通八达的沟壑、峡谷,这里有众多珍贵动植物……这里是全美最著名的国家公园之一,是全世界旅游者心中必须一见的奇观之一。

整个劣地国家公园约有274千米长、80千米宽,横穿南达科他州西南部。这里是由刀锋般的山脊、深沟,狭窄的平顶山以及一望无垠的沙漠组成的。在通往公园的路上,四周都是一望无际的草场,几乎没人能意识到那里为何忽然出现一片完全不同的广阔土地。车子走着走着,你会忽然发现数十米高的岩石宫殿在大草原的天空下若隐若现,仿佛海市蜃

◉ 劣地国家公园是由地质作用形成的洼地

楼一般。而一转眼,自己已经置身于千奇百怪的石塔和壮丽的拱壁之间了。

从日出到日落,从春天到冬季,劣地之上处处闪着迷人的光辉。随着太阳的东升西落,无数的岩丘从淡红色变成光彩夺目的金黄色,令人叹为观止。这里并非寸草不生,在岩坡上有一些刺柏攀附着,小溪旁与盆地中也有顽强的小草、白杨和野花。春天绿草初生,和荒凉的土丘形成鲜明对比;夏天酷热难当,偶有倾盆大雨;冬季则冰冷彻骨,萧瑟寒风穿越沟谷、土塔群发出阵阵低吼,仿佛一首荒凉冷寂的美国西部歌谣。

公园最重要的地理造型就是石墙。在劣地国家公园,水是雕刻土地的有利工具,而风正是塑造这一切奇观的艺术大师:风吹起粗砂和灰尘不断地"打磨"岩石,被风带到岩石缝隙中的水分年复一年地霜冻与解冻,将岩石塑造成各种形状。

除了瑰奇的地貌,那些美丽的动物也为这片劣地增添了种种迷人景色。在无边的草地上,可爱、优雅的叉角羚羊悠闲地游荡;落基山大角山羊站在高高的土丘上,俯视着自己的领地;草原狼在城镇、村庄般的怪石墙间游荡,寻找着自己的猎物;苍鹰在天空中盘旋,一旦发现目标便俯冲而下……这一切让整个公园充满了动感与野性。

劣地国家公园在历史和地理方面都是独一无二的。有人曾经这样评价劣地国家公园:"它有一个恶名,但绝对是个好地方。"相信任何来过劣地国家公园的人对这句话都会点头称是。

芙蓉洞

游如画美景

国别：中国　　最佳旅游时间：秋季
位置：重庆市

在这里，大自然充分发挥了它的创造力。瑰丽神奇的景象，如盛开的花，娇艳美丽；又如打开的画，充满诗情。选一个日子，带上心爱的朋友，一起在芙蓉洞内畅游，享受大自然的恩赐。在温柔婉约中许下浪漫的愿望，在宏伟气势中立下终身的誓言。

芙蓉洞在半山腰，它俯视着芙蓉江，缆索跨江而过。它是一个大型石灰岩洞穴，形成于大约120多万年前，发育在古老的寒武系白云质灰岩中。到了芙蓉洞内才知道，它的美丽原本不是用语言能够描述清楚的。

1993年，当地村民发现了一个很小的洞口，走进去后发现别有洞天，十分美丽，这便是芙蓉洞。

继续深入，一块钟乳石如瀑布般挂在空中。若不是听不到水流之声，真怀疑此地就是水帘洞了。在"水帘洞"旁边，更是竖立着一根金箍棒，它粗细均匀，惟妙惟肖。在人造光的衬托下，整个"水帘洞"雾气蒙蒙，如梦似幻。金箍棒金光闪闪，凛然有威，不禁使人遐想无限。这里若不是仙境，那么还有一处可让你

芙蓉洞钟乳石辉煌壮丽，玲珑剔透，华丽奇巧

俯瞰密林中的芙蓉洞外景,古色古香

飘然欲仙,那就是珊瑚瑶池。这座不大的洞府,虽然位于一个不起眼的角落,却是气象万千:一株株玉树婷婷而立于仙山之侧、瑶池之间。芙蓉洞里有清澈见底的泉水,水面上"琼花"盛开,活灵活现。"琼花"上的两尊石笋,宛如两个神仙,在瑶池里赏景聊天。

中国洞穴研究会会长朱学稳教授曾经这样评价芙蓉洞:"这里是斑斓辉煌的地下艺术宫殿。"芙蓉洞是当得起这样的评价的,因为那是历经70多种次生化学沉积而形成的景观,形态各异,瑰异奇巧,让人目不暇接。

确实,其气势之恢宏,鬼斧神工之精美,无不让人心生崇敬。

科罗拉多大峡谷

岩石刻就的书卷

> 不管你走过多少路，看过多少名山大川，你都会觉得这个大峡谷仿佛只存在于另一个世界，另一个星球。

国别：美国　　　　最佳旅游时间：3月至8月
位置：亚利桑那州西北部

科罗拉多大峡谷是由科罗拉多河流经此地切割科罗拉多高原而形成的。峡谷全长446千米，平均谷深1600米，谷顶宽6~30千米，往下收缩成"V"字形，至谷底处宽度不足1000米，最窄处仅120米。科罗拉多河从谷底流过——这位孜孜不倦的雕刻大师日复一日、年复一年地工作，打造成这"地球上最美的伤痕"。由于长久以来，不同的岩石层在

大峡谷宛若仙境般五彩缤纷、苍茫迷幻，迷人的景色令人流连忘返

◉ 大峡谷，宛若仙境般色彩缤纷、苍茫迷幻，迷人的景色令人流连忘返

不同气候下被风化、被侵蚀，最终被雕琢成千姿百态的奇峰异石和峭壁石柱，形成了色彩缤纷的奇特地貌。伴随着天气变化，水光山色变幻多端，天然奇景蔚为壮观，使科罗拉多大峡谷备受大家的喜爱。

科罗拉多大峡谷是世界上最大的峡谷之一，它是在科罗拉多河长期奔流冲刷之下最终形成的惊人杰作。进入大峡谷，唯有震撼一词可以形容那一刻的心情。大峡谷极不规则，大致呈东西走向，峡谷南高北低。从谷底看谷壁，如刀削斧劈，气势宏伟。峡谷两岸都是红色的岩石断层，据当地人说，这里的岩石会随阳光强度的不同而改变自身的颜色，或深蓝，或棕色，或红色。

从突出的岩石上向下望去，如果不害怕，那么你会感觉到一种自由。当然，如果你两

朝霞下,科罗拉多大峡谷好似巨人将大地劈开,仿佛整个世界都凝固了

大峡谷的山石多为红色

腿打战,还是不要去的好,安全第一。有些人尝试着从悬崖边上向下望,但是在临近悬崖2米远的地方就不敢前行了,因为风很大,一不小心就会滑落而粉身碎骨。

亿万年来,大峡谷像一条桀骜不驯的巨蟒,匍匐于凯巴布高原之上。你会非常惊异这片土地怎么会被如此鬼斧神工地劈开,露出里面斑斓的层层断面。你会觉得似乎走到了世界的尽头,去往另一个世界,而孤单单地把原来的世界抛在了身后,灵魂与肉体都深感震撼。在穿越壮美无比的科罗拉多大峡谷时,人类所有的历史,还有永不停滞的时间似乎已经流逝,我们在这道鸿沟面前似乎只是一粒沙尘……

电影《阿甘正传》中公路长跑的镜头就是在科罗拉多大峡谷的纪念谷中拍摄的,著名摄影家安塞尔·亚当斯的很多黑白佳作也都出自这里。

黄石国家公园
万园之王

带着最原始、最古老的国家公园标签，奔涌着最年轻的血脉

- 国别：美国　　最佳旅游时间：5月至10月
- 位置：怀俄明州西北部

公园内蜿蜒的河流壮丽优美

"凤凰浴火，涅槃重生"，这句话用于形容美国黄石国家公园，恰如其分。这位气吞山河的"万园之王"实际上就是一座横向55千米，纵向72千米的巨型火山口，地表上诸多神奇的景观都和这千万年来一直潜藏暗涌的火山活动密不可分。难怪有人感慨：黄石公园是一个能触摸到地球脉搏的地方。

1872年，时任美国总统的格兰特正式宣布黄石公园为美国第一座国家公园。同时，它也是世界上第一座国家公园。在此之前，全世界还没有哪一个公园能像它那样，虽然经受过200多万年的冰火侵蚀，虽然在漫长时光的磨砺下已然满身伤疤，却仍如一只无比高傲的狮子立于三州交界处，睥睨天下，安然接受来自世界各地的人膜拜。因此，在黄

○ 大棱镜是最美丽壮观的热泉

石国家公园身上，你很容易看到那种君临天下的气度。

黄石国家公园位于美国怀俄明州西北角，并延伸至蒙大拿与爱达荷两个州，公园以其得天独厚的峡谷地貌、地热景观，以及丰富的动植物闻名于世，它被美国人自豪地称为"地球上独一无二的神奇乐园"。未见黄石，你会在脑海中用各种信息拼凑它的样子，而在你真正见到它的时候，才发现所有的想象都在它的面前黯然失色。

在这个古老的公园内，除了优美的自然风光，还有它忠实的守护者——野生动物。与其说是动物守护着公园，不如说公园庇护着动物，它们相互偎依，各得其乐。千万年来，黄石国家公园为这些生灵创造着最舒适的生存条件，使得它们可以自由自在地生活，而公园也因此增添了灵动的气息。你看，天鹅在麦迪逊河边孤独地舞蹈；鱼儿则在湖面欢快地吐着泡泡；矫健的羚羊炫耀着线条优美的小腿，你来我往地欢跃蹦跳；几只雄驼鹿则小心翼翼地踱步，低声交谈；温驯的骡鹿向行人温柔地行着注目礼，你看它的时候，它水汪汪的大眼睛也正目不转睛地看着你……

◎ 奔流直下的黄石瀑布，轰鸣着泻入大峡谷

但最让黄石引以为傲的是那一身伤疤的荣耀。因为特殊的地理位置和地表结构，黄石地下涌动着炽热岩浆，仿佛它们随时都有可能喷涌而出。丰富的地下水被加热、沸腾后化为蒸汽，如同压抑在喉头深处的那一声呐喊，忽然间便呼啸着喷射而出。无论是晴雨多云还是季节交替，所有的地下水出口都在服从着一道无声命令，忽起忽落，像地底盘根而起的邪恶曼陀罗，四季常艳，不知疲倦。

想要欣赏黄石的魄力，就请放下身段，用双脚诚恳地"亲吻"大地，只有在这一刻，作为大自然的臣民才能与万物同乐。

金沙江虎跳峡

缝隙中仰望蓝天

国别：中国	最佳旅游时间：春、夏两季
位置：云南省迪庆藏族自治州	

或有猛虎，从石上跃起，跳过峡谷，为虎跳峡也。虎踏足之石，为虎跳石也。巨石如孤峰突起，在江中屹立。江水与之互搏，发出隆隆巨响，山谷随之轰鸣，不能断绝。江水一去不复返，巨石岿然不动千百年，也许它在等候谁的到来。

玉龙雪山和哈巴雪山中间有一条夹缝，上游的金沙江流经长江第一湾——石鼓镇后，便北上来到此处，然后穿过大夹缝，再顺流直下。这个穿越造就了壮观程度位列世界之首的大峡谷，也造就了著名的景观——虎跳峡。

水流从黝黑的峡谷中溢出

◉ 俯瞰虎跳峡的一角，山峦连绵

◉ 虎跳峡惊险、壮观、美丽

虎跳峡的深，举世皆知；虎跳峡的险，天下闻名。虎跳峡全长仅16千米，水位落差却达到170米，其中有7个陡坎，山势之陡，水势之汹，世间少有。虎跳峡分3段，分别为上虎跳、中虎跳、下虎跳。

想要参观虎跳峡，首选是从下虎跳进入，最佳入口在丽江市大具乡。下虎跳的深壑纵深1000米，这里水流湍急，溅落在礁石上，形成惊天浪涛，十分雄壮。这也是虎跳峡风景最美的地方。下虎跳和中虎跳之间仅隔着一处名为"滑石板"的险境，过了滑石板，便能看到中虎跳最险的礁石区，这里又因礁石众多而被命名为"满天星"。沿着中虎跳走到上虎跳，便到了峡谷中最窄的地方。上虎跳的江心屹立着一块巨石，它将湍急的水流一分为二，水流冲击巨石发出惊天动地的声响，让人听了心惊胆战。虎跳峡的名字也因这块巨石而起：传说有一猛虎曾经从玉龙雪山一跃而到巨石上，再一跃而到对面的哈巴雪山。

在下虎跳和中虎跳之间的陆地上，有一个名为"核桃园"的村落，石板搭建的屋舍古朴而又别具风情，是来虎跳峡旅游和探险落脚的

○ 金沙江迷人的自然风光

好去处。夜深人静之时，围坐在石板屋里的火塘边，望着熊熊的火焰，耳边传来阵阵松涛声（夹杂着劲猛的江涛拍击山峡岩石的轰鸣声），在奇特又惊恐的体验中度过一个与众不同的夜晚。

　　虎跳峡的徒步路线十分美妙，而且很经典。沿着北面的哈巴雪山半山腰一路前行，绿荫繁茂，山花灿烂，脚下是惊险奇绝的水流，头顶是湛蓝的天空和洁白的云朵，对面是美丽的玉龙雪山。置身于这样的空间，恍若行走在世外桃源一般。

精灵烟囱
魔法创造的奇迹

国别：土耳其	最佳旅游时间：4月至10月
位置：安纳托利亚高原的卡帕多西亚	

那些林立的岩石,如同传说中精灵的烟囱一样,高高地耸立在山谷之间,是谁创造出如此奇观呢?

在1000多年前,一群受迫害的基督徒逃入了土耳其安纳托利亚高原。就在将要陷入绝境之时,他们进入了一个后来被称为卡帕多西亚的地方。看到它的第一眼,这些基督徒就虔诚地跪在了地上,他们相信这个地方是上帝赐给他们的避难所。这里山峦起伏,沟壑纵横,沟壑与谷涧之中是一片又一片的"石柱森林"。那些林立的岩石,如同传说中精灵

岩石表面甚为光洁,随着阳光和云影的变幻不断改变自己的色调

精灵烟囱林林总总，冲天而立，形成独特的石林景观

的烟囱一样，高高地耸立在山谷之间。

基督徒们在这里定居下来，他们在这里建立了教堂，创造出和土耳其其他地方迥然不同的文化，直到千年以后，才被世人所熟知。

埃尔吉亚斯山和哈桑山活跃时喷发出的岩浆和岩灰冷却凝固后形成厚厚的一层凝灰岩。凝灰岩在阳光的曝晒和风霜雨雪的侵蚀下，松软的部分剥蚀殆尽，经过千万年在地上形成无数峡涧沟壑，在地下形成广泛连通的暗流岩洞。有些比较坚实的部分残留下来，耸立在地表形成千姿百态的岩石。其中，有壁立千仞的悬崖，有蜿蜒数千米的褶皱，更多的则是像蘑菇、树桩、尖塔一样的石笋和石柱，构成奇石林立的露天博物馆。

奇石博物馆中，到处是一眼望不尽的石柱，千石嶙峋，万岩峥嵘。有的高十几米，有的则高达几十米；有的像一根纤细的电线杆，有的则像一座巨大的碉堡；有的呈浅红色、赭色或棕色，有的则呈灰色、土黄色或乳白色。岩石表面甚为光洁，随着阳光和云影的变幻不断改变自己的色调。这些奇形怪状的岩石林仿佛来自童话世界，被世人称作"精灵烟囱"。

夕阳下的精灵烟囱,闪着金光

在村外,就可以看到峭壁上悬着的一个石穴群落。各个石穴之间,有铁梯相连,也有羊肠小道崎岖相通,只不过现在有些铁梯已经锈迹斑斑,不可再用;小道也长满茅草,无法通行了。聪明的当地人不仅在峭壁上开洞,在村子里也是凿洞而居。他们把石柱从中间掏空,设厅堂、卧室、厨房,并在里面描彩绘、铺地板、开凿窗户。在这样的石柱里面生活,仿佛一夜之间变身原始人,过上了穴居生活。

除了地面奇观之外,卡帕多西亚还有一种地下景观——利用凝灰岩的特殊结构开凿的地下城。顺着入口走下去,里面尽是七拐八弯的坑道。各层之间的通道口,都安放着一个直径1米多的圆石盘,这是地下城特有的安全装置,如有敌人来袭,只要扳动暗设的机关,石盘就会自动将洞口封住。

看着那些高耸的"精灵烟囱",那些洞穴连通的巨大地下城,很多人相信,这些奇观都是大自然专门为那些落魄的基督徒建造的。也许,它的原型就是传说中的伊甸园吧。

死谷
在生与死中穿行

国别：美国	最佳旅游时间：11月至次年4月
位置：加利福尼亚州东南部	

死谷中的山岳，因含有云母、褐铁矿、赤铁矿、山丘矿等丰富矿物质而形成五颜六色的图案，就像是画家恣意挥洒的画作，又如同天赐的艺术作品。

在美国加利福尼亚州与内华达州相毗连的群山之中，有一条长约250千米的"死谷"。这里炽热、干旱。每逢倾盆大雨，炽热的地方便会冲起滚滚泥流。它同时也是全球最热的地区之一，1913年曾有高达61摄氏度的气温记录。因为环境恶劣，整个地区都被神秘所笼罩，人们将其称为"死火山口""千骨谷"和"葬礼山"等。见者不寒而栗，闻者谈之色变。

死谷是怎样形成的呢？大约在300万年前，地球重力将地壳压碎成巨大的岩块，有些岩块凸起成山，有些倾斜成谷。到了冰河时代，排山倒海的湖水灌入低地，淹没整个盆地。经过几百万年的蒸晒，这个大盐湖终于干涸。如今展现在人

荒漠气候下死谷中的一片开阔之地

死谷中沟壑纵横,纹理和色彩变化多端

们眼前的死谷,是由一层层泥浆与岩盐层堆积而成的。

直到160多年前,死谷的恶名才被宣扬开来。1849年冬,一支前往金山的淘金队伍横穿该谷,因不敌恶劣的气候,多数人丧身于此。少数人成功穿越山谷,离开时怀着对队友的悼念之情,伤心地说了句"再见,死谷",此谷由此得名。还有一个传闻,据说在1949年,美国有一支寻找金矿的勘探队伍因迷失方向而涉足其间,几乎全队覆灭,几个侥幸脱险者不久后也神秘地死去。此后,更有探险者试图揭开死谷之谜,却再也没有回来。这些离奇的传闻使死谷更加恐怖神秘。

世界上最不适宜人类居住的地方恐怕就是死谷了,但有些生物却可以安然无恙地生活在这里,例如棉球沼泽的沙漠小鱼可以生活在比海水高出6倍盐分的水中。春天时,有一种沙漠小鱼甚至专门到190号公路以南10千米的盐溪产卵。干燥的气候、咸水和恶劣的环境依然不能阻止它们在这里生活,不得不令人惊叹。

死谷虽不适宜人类居住,却景色优美,有令人赞叹的沙砾地质奇观。它还是美国著名

死谷中沟壑纵横的山峦

的爱德华空军基地和太空实验场所,而且拜沙漠地带终年不断的强风所赐,高科技的风力发电产业更是在此地蓬勃发展。在死谷中还有很多奇观异事。在死谷最低处,你会看到银带一样的盐溪和恶水河床,这条盐溪水温高达43摄氏度,含盐量比死海还高几倍,据说探险家们在里面发现了很多骸骨——有些似乎是人骨。龟裂的恶水河床还有一个奇特的现象:在有些巨石背后可见到明显的滑行轨迹,究竟是风力使然还是地震推动,仍无人知晓,而巨石滑行从未中断或者停止。神秘的死亡传闻、瑰丽神奇的景色,死谷深深地吸引着世界各地的探险者!

020

雅鲁藏布大峡谷
地球上最后的秘境

这里所有的一切都透出一股秀气，但也不失端庄和威严。它神秘，至今无人徒步穿越全程；它高峻，两侧的山峰海拔为7700米以上；它幽深，在南迦巴瓦峰与加拉白垒峰间的平均深度达5000米。同时，它也是地球上最深的峡谷。

国别：中国　　最佳旅游时间：6月至10月
位置：西藏自治区

至今没有一人敢于在雅鲁藏布江的激流中漂流，谷底至今没有一人能全程穿行

滔滔江水突然转了一个直角，令人惊叹不已，不能不为这大自然的鬼斧神工叫绝

传说冈底斯神山有四个孩子，大儿子雅鲁藏布江体魄强健，胸怀宽广；二儿子因所在山体形同狮子，就取名叫狮泉河；三儿子象泉河因其源头山谷形似象鼻而得名；小妹则有一个美丽的名字——孔雀河。时光飞逝，转眼间，四个孩子都长大了。山虽然不舍，但仍然叫孩子们出去开阔眼界，闯荡天下。于是四兄妹各自奔流而去。苍鹰得知大哥雅鲁藏布江思念亲人，就飞过来告诉他弟弟妹妹正向南边流去。雅鲁藏布江焦急万分，立即卷起巨浪，拐了一个弯，向着印度洋方向呼啸而去，于是便形成了我们今天看到的雅鲁藏布大峡谷。这一美丽的传说，给这让人拍案叫绝的鬼斧神工之奇景增添了几分神话色彩。

一路上满眼青山，却没有绿

雅鲁藏布大峡谷两侧,壁立千仞,峰岭上冰川悬垂,云雾缭绕,气象万千

水。雅鲁藏布江水有些浑黄,如黄河之水,大约是因为环境遭到严重破坏、土壤流失的缘故。这里的古树上挂着很多哈达,据说是为了纪念文成公主。当地人说,顺时针绕着古树转三圈,未婚者会有桃花运,已婚者会婚姻美满。

雅鲁藏布大峡谷里最险峻、最核心的地段,是一个叫"白马狗熊"的地方。这里冰川、绝壁、陡坡、泥石流和巨浪滔天的大河交错在一起,环境十分恶劣。许多地区至今仍无人涉足,堪称"地球上最后的秘境",是地质工作少有的空白区之一。

它也是青藏高原最神秘的地区,因特殊的地理位置和地形构造而被科学家们称为"打开地球历史之门的锁孔"。它的神奇之处在于它为印度洋的水汽穿越喜马拉雅山提供了通道。大峡谷之外是荒山秃岭、雪山高原,谷底却是另一番景象:奇花异草、亚热带雨林。大峡谷可以说是垂直的自然博物馆:青藏高原60%~70%的生物物种集中在这里,在茂密的森林、灌木丛和草甸间栖息着种类繁多的动物。在大峡谷的台地边,不时能见到藏族和门巴族的木屋。河谷平原上,黄色的油菜花、紫白色的豌豆花镶嵌在绿浪翻滚的青稞地里,好似一幅精美的水彩画。

看见如此美景,定有来一次"说走就走的旅行"的冲动吧。

021

撒哈拉沙漠
神秘而危险的荒漠

在撒哈拉沙漠探险，是一项充满挑战的活动。撒哈拉沙漠是世界上阳光最充足且自然条件最严酷的沙漠。"撒哈拉"在阿拉伯语中的意思是荒漠，来这里探险，去感受"烈日炎炎似火烧"的滋味吧。

| 国别：利比亚、阿尔及利亚等 | 位置：非洲北部 |
| 最佳旅游时间：3月至5月 |

三毛笔下的撒哈拉沙漠充满了异域情调。去过腾格里，去过巴丹吉林，去过很多沙漠，如果不去看看三毛笔下的撒哈拉沙漠，总觉得是一种遗憾。世界上本没有完美，如断臂的维纳斯。然而，生命中的遗憾，却会令人感到不舒服。如果有机会，任何人都不愿意在生命中留下遗憾。

如果说旅游重在享受过程，那么在去往沙漠的路上，你必然会睁大双眼，欣赏沿途的

撒哈拉沙漠的天空格外蓝，漫漫黄沙在阳光下似金粒般熠熠生辉

撒哈拉沙漠上连绵的沙丘如同月球的表面，在阳光照射下璀璨如金

○ 骆驼成为沙漠地区游人的重要交通工具

风景。一丛丛树林、一群群牛羊、一片片草地，出现又消失。当盐碱地出现的时候，绿色隐藏了踪迹，远处的湖泊显现出身形。远远望去，它们如一颗颗蓝宝石闪烁在苍茫的蓝天下，镶嵌在漫漫黄沙上。

去撒哈拉沙漠的人，喜欢早晨出发。因为大漠上的日出和别处的日出有不一样的风情：一边是朝阳，一边是明月，太阳伴着还没有完全消失的月亮冉冉升起。当一片毫无杂质的黄色出现在眼前的时候，撒哈拉沙漠就到了。沙丘高低起伏，如大海里的浪涛，波澜壮阔，十分壮观。起伏的沙丘，在阳光的照射下，变得迷幻多彩，仿佛梦境。

撒哈拉沙漠气候条件极其恶劣，是地球上最不适合生物生存的地方之一。撒哈拉沙漠常出现极端天气，在高海拔的地方会出现霜冻或冰冻，而在低海拔处则可能出现世界上最热的天气。

虽然人们把撒哈拉沙漠称为生命禁区，但这里依然有人类居住，在这里还有一个消失了的文明。人们一直不解，撒哈拉沙漠诞生于250万年前，在这极端干旱缺水、土地龟裂、植物稀少的荒漠，竟然曾经有过繁荣昌盛的远古文明。

撒哈拉沙漠之旅完成了。当梦想和现实重合的时候，人们会变得异常激动。然而这一次的到达，也只是为下一次的起航做准备。

骷髅海岸
土地之神愤怒时的创作

国别：纳米比亚	最佳旅游时间：5月至8月
位置：纳米布沙漠和大西洋冷水域之间	

凛冽的海风带来腥涩的味道，白色的沙子在脚下柔软地展开。眼前是波涛汹涌的大海，身后是宁静的沙漠，那低沉婉转的潮声，似乎在诉说着过往……

　　站在海岸上，凛冽的海风吹着，带来腥涩的味道。一片白色的沙漠沿着海岸线展开。一边是波涛汹涌的大海，一边是白沙滚滚的荒漠，两个截然不同的世界在这里交会。1933年，一位瑞士飞行员驾驶的飞机在这里失事。很长时间过去了，他的尸骨仍然没有找到，有人说，一定在这里！这处海岸就是骷髅海岸。

大浪猛烈地拍打着倾斜的沙滩

骷髅海岸是充满危险的海岸。长年不断的八级大风、让人不寒而栗的雾海、水面下交错的暗流和参差不齐的暗礁，使得往来的船只在这片复杂诡异的海域经常发生意外。海水把失事船只推到岸边，杂乱无章的残骸在荒芜的海岸上默默倾诉着生命的不幸和悲凉。

海岸上的骷髅标志

从空中俯瞰，骷髅海岸在阳光的照耀下变成金色的沙丘。一些没有完全破碎的石块形成沙砾，布满沙滩，风一吹就会发出"呜呜"的声音，倍增凄凉。沙丘之间闪闪发光的蜃景从岩石间升起，周围是不断移动的沙丘。

如果说波澜壮阔的大海让人畏惧，那么从失事的海船上逃生，来到"风平浪静"的骷髅海岸，你也许会庆幸自己得以幸存下来。然而，事实上并非如此。走向沙漠深处，你会发现破裂的船只残骸毫无规则地分布在沙漠中。再深入，你甚至会见到人类的骷髅。

落在荒凉海岸上的船只残骸

在骷髅海岸，有无数石板，其中有一块刻着字的石板最著名。虽然经讨无数次海水的冲刷和侵蚀，上面的字迹依然清晰可见："我正向北走，前往96千米外的一条河边。如有人看到这段话，照我说的方向走，神会帮助他。"这句话的背后有一个悲伤的故事：1943年，骷髅海岸出现了13具尸体，其中1具是儿童，另外12具是成年人，更可怕的是13具尸体全部没有头颅。他们是谁，为何陈尸海岸，不得而知。

不过，笼罩在死亡阴影下的骷髅海岸也有其独特美妙的风光，它的奇美出现在另一边的沙漠中。与这边涌动不停的海水比起来，海岸另一边的沙漠就如同凝固的大海：或滔天巨浪，或轻翻细浪；或平滑如镜，或起伏连绵。这片广阔无边的沙海因为不同的形状而兼具细腻和雄浑两种截然不同的特点。

入夜，远处的海浪声时有时无，配合着风声，宛如无数的冤魂在低低哀鸣……

东非大裂谷
地球的一道"伤疤"

乘坐飞机从东非大陆上的赤道飞过时，可以看到一条硕大无比的"伤疤"在地球上延伸。站在大峡谷上，望着深深的谷底，敬畏的感觉油然而生。湖泊像珍珠一样在裂谷中熠熠发光。黑暗、阴森、恐怖，都不能形容它，相反，它幽深、美丽，还很热闹……

 国别：坦桑尼亚、肯尼亚等　　最佳旅游时间：5月至10月
位置：非洲东部

　　东非大裂谷像是地球上的一道巨大的伤疤，它分为两支，一支是全长6000千米的东支裂谷带，一支是全长1700千米的西支裂谷带。东支裂谷带和西支裂谷带中间横亘着维多利亚湖。从卫星地图上看东非大裂谷全貌，可以发现，大裂谷从约旦谷地向东南方向

裂谷地带风景秀丽，雨量充沛，土地肥沃，森林茂密，具有显著的地貌特征

延伸，穿过红海，继续向南越过埃塞俄比亚高原中部的阿巴亚等湖，经过肯尼亚北部，向南穿越坦桑尼亚中部，到维多利亚湖东侧，东支裂谷带结束；西支裂谷带从维多利亚湖西侧开始，由南向北穿过多个湖泊，直达苏丹境内，到白尼罗河附近结束。

在昔日西方殖民者的眼中，非洲一直是野蛮、贫穷、落后的地方。实际上，东非大裂是人类的发祥地之一。关于人类的起源有两种假说，其中一种就是"非洲起源说"。一些考古学家在探索东非大裂谷时，发现一些人类头骨化石，而这些化石为"非洲起源说"提供了有力的证据。正因如此，东非大裂谷成为考古学家和探险爱好者追寻人类起源的圣地。

一进入峡谷，我们就被它壮观的景色所震撼。峡谷底部是一片狭长的旷野，其中分布着许多狭长的湖泊。大大小小的湖泊如珍珠玛瑙镶嵌在玉带上。湖面倒映着蓝天白云，还有壁立千仞的峡谷。一些水鸟在这里栖息，它们或静止不动，或闲庭信步，或在水中觅食。

在裂谷两侧排列着众多山峰，其中较著名的是乞力马扎罗山和肯尼亚山。在峡谷的开阔地段，仰望云天，会感觉自己非常渺小，仿佛在另一个世界。

其实，东非大裂谷并不是一成不变的。一些科学家推算，在100万年之后，裂谷会完全分开，到时候就会出现第八块大陆——"东非大陆"。也有一些科学家认为这是危言耸听。不管怎样，时代会变迁，沧海会变为桑田，未来的大峡谷是怎样的，我们无法看到。

从大峡谷一路走来，我们看到了很多不曾看过的景观，也获得了很多不曾有过的经历。人与自然的斗争持续了几百万年，并将一直持续下去。也许在大自然面前我们才能认清自己。

悠闲觅食的长颈鹿

动物大迁徙的壮阔景观

第三章

美丽温馨的乡野风光

婺源
一望无垠的油菜花田

千亩梯田油菜花、粉墙黛瓦、远山近水，构成一幅美丽的画卷，使婺源获得"中国最美乡村"的美誉。

国别：中国	最佳旅游时间：3月至5月
位置：江西省上饶市婺源县	

建筑与油菜花融合得天衣无缝

婺源有"中国最美乡村"的称号，而3月中下旬是婺源最美的季节，因为此时的婺源正是花的海洋。黄色的油菜花开得如火如荼，如一匹匹金黄的绸缎，在它们的渲染下，天空也变得明亮起来。

无论是在村子里，还是在田间路边，随处可见一株株怒放的桃花。如果说金黄色的油菜花让婺源充满了惊艳的贵气，那么粉嫩的桃花则让婺源多了一股小清新的味道。盛开的花海美景与徽派建筑所蕴含的人文底蕴相互交融，让人沉醉。

婺源的月亮湾是最美的地方。站在附近的小山上眺望，只见在不远处有一片树林，树林中有一条弯弯的小河，河水清澈、碧波荡漾。在小河中央

○ 中国最美乡村婺源风景如画

有一个弯弯的小岛，像是一轮弯月浮在水面上。小岛上有几行树泛着翠绿，与碧绿的河水相映成趣。最妙的是小河中央有一竹筏，竹筏上有两个渔家人，一人划桨，一人垂钓。近处，一湾清溪、孤舟蓑笠；远处，白墙青瓦、绿陌黄花，好一幅令人惊艳的古典水墨画。真可谓是"白墙青瓦树丛掩，月亮湾里菜花艳"。

去婺源赶花海，除了月亮湾还有很多值得去的景点。思溪村是婺源北线的第一个景点，离县城有半个小时的车程。到思口镇往左手边拐过去，路边便可以看到成片的油菜花。在灿烂的阳光下，油菜花黄得那么明媚，那么鲜艳，那么富有朝气。前面大路直通思溪，两边是无边无际的油菜花。

思溪村坐落在群山环抱中，面前是潺潺流淌的清溪碧河。村口有明代所建的通济桥和如来佛柱，村子中的振源堂、承裕堂、孝友兼隆厅等民居则是清代留下来的徽派建筑。这些白墙黛瓦、挑檐翘角的徽派建筑使思溪村成了徽派建筑群落的典范。漫步在这座古意盎然的村子里，看村民和游客在大街小巷闲散地漫步，随处可以感受到一股悠然的古韵。

山脚下的草房子在油菜花的映衬下犹如一幅精美的画作

　　从思溪村出来，可搭乘巴士前往江岭。江岭位于婺源群山之间，公路在山间盘旋，坐在车内向外看去，层层梯田从山脚一直盘绕到山顶，梯田里全部都种植了油菜。此时正是油菜花开得最绚烂的时候。

　　站在高处放眼看去，漫山遍地的油菜花层层叠叠，形成一个无边无际的花海，其间点缀着红的杏花、白的梨花、绿的柳枝，以及柳树下掩映着的白墙黛瓦的农舍。远处的山坡下还有涓涓流淌的小溪流，和溪流中嬉戏玩耍的孩童相映成趣，构成了一幅绝妙的山水画卷。

　　婺源的花海美不胜收，让人流连忘返。在这个季节里，婺源的空气中荡漾着动人的春意，任谁来了都会醉倒在这诗情画意中无法自拔。

> 这里人杰地灵，美女众多，单身男士不容错过。

丹巴
"千碉之国"

国别：中国		最佳旅游时间：4月、5月、
位置：四川省甘孜藏族自治州		9月、10月

尽管它被誉为"中国最美丽的山村"，但因为"蜀道之难，难于上青天"，很多人并不知道丹巴这个地方。即使它的名声逐渐远扬，但它依旧如一位小家碧玉般，清新宁静，超凡脱俗，气质优雅。恐怕只有四川这样仙境般的地方，才能够涵养出这样美丽的景色。

丹巴，位于四川省甘孜藏族自治州，境内高山耸峙，层峦叠嶂，峡谷深邃，景色独

藏寨繁星般散落在山坡上，是丹巴最美丽的风景线

丹巴白塔，五彩经幡在风中飘扬

特而优美。丹巴的山路缓缓向上，远处的雪山巍峨静谧。山脚下的河谷，流水汩汩，终年不歇。山顶与山谷，互相配合，使得丹巴冬无严寒，夏无酷暑。在这水光山色中，蕴藏着丰富的资源，雪山、森林、温泉、高山草甸，应有尽有。

被誉为"千碉之国"的丹巴，怎么少得了古碉呢？在大小金川及大渡河两岸的村寨、山脊和要隘处，耸立着无数的古碉建筑。据记载，在鼎盛时期，丹巴碉楼多达3000座，一个规模较大的村寨也有百余座。试想，当初在河谷两岸，碉群密密麻麻地林立着，那气势该是何等壮观！经过战争和风雨的剥蚀以及时间和地震的考验，千百年之后，古碉至今仍然屹立不倒：有的早已偏倚，却不倒塌；有的弯曲如弓状，依然坚守着那片土地。这些古碉的建筑艺术之精湛，让人叹为观止。

除了这冰冷的、毫无生命力的人文建筑让你大开眼界，那富有朝气和活力的美女，更会让你心潮澎湃。丹巴美人谷，是出了名的盛产美女的地方。大凡美人谷的女孩，不管她们是深处大山之中，还是走出大山，都无需用粉黛和华丽的服饰来装扮自己。她们冰肌玉肤，似乎不怕风吹日晒，即使终年从事体力劳动，稍加梳洗，也立即气韵毕现，真是天生丽质，超凡脱俗。

除了美女，丹巴最美的要数甲居藏寨了。藏寨像群星般散落在倾斜起伏的山坡上，或稠密集中，或星罗棋布，或藏在河坝的绿洲间，几百幢美丽而又独特的嘉绒藏式民居就这样错落有致地融于自然环境中。它们背靠着神圣的墨尔多神山，脚踩着金川河谷，天人合一的理念在此体现得淋漓尽致。行至于此，宛如进入了一个童话世界。如此古朴典雅的丹巴乡土民居资源，可谓是中国乃至世界乡土民居建筑的一朵奇葩，是中华民族贡献给世界的又一份珍贵的文化遗产。

甲居藏寨，四季景色不同，时时呈放异彩。春天，桃树、梨树、石榴树在房屋四周，吐绿滴翠，红白相间，争奇斗艳，此时的山寨是一片花的海洋；夏季，寨楼被掩映在万绿丛中，好似一位娇羞的少女犹抱琵琶半遮面，只在微风拂过的时候，露出俊俏的面庞；秋天，山寨呈现出一派多彩的画面，绿色、黄绿色、金黄色、红色，各种颜色层叠交织，构成一幅绚烂多彩的图画。也只有从这时开始，寨楼才露出它那迷人的面庞，尽显其小巧玲珑的娇姿。

丹巴总会在不经意间，给你意外的惊喜。

喀纳斯湖

彩色的梦

| 国别：中国 | 最佳旅游时间：6月、9月 |
| 位置：新疆维吾尔自治区阿勒泰地区 | |

喀纳斯湖气候多变，晴雨不定，湖水的颜色也随着环境不断变化，一会儿像碧绿的翡翠，一会儿又如湛蓝的宝石，不知是谁将如此多彩的梦留在了人间。

阿尔泰山下的密林中隐藏着世界上最绚丽的景色，这就是喀纳斯景观。"喀纳斯"是蒙古语，意为"富饶美丽，神秘莫测"。喀纳斯河挟着高山之水，奔流到平缓地带，冲蚀着两岸的泥土、岩石，经过千万年形成了一连串的河湾，最美的就是喀纳斯湖。它如一枚豌豆荚般镶嵌在幽森的绿林之中，湖水时时变换着不同的色彩，在阳光下折射出不同的

 风静波平时湖水似一池翡翠，雪峰、春山若隐若现，恍若仙境

风景优美的喀纳斯湖

光芒。

杨柳刚绿时，走在喀纳斯湖边精致的木堤上，看着连天春水映着嫩绿的林木，春光无限。阵阵清风吹来，还夹着淡淡的花香，不知名的鸟儿在林间啼鸣，湖畔野花开得正盛，翩翩舞蝶俏立花头，让人羡慕不已。真想坐在花间长凳上睡去，像庄生一样化为翩翩蝴蝶，永远停留在这幅美丽的画卷中。

忽然一阵风吹过，天边卷来几朵浓云，阳光还是明媚的，豆大的雨点就忽然落了下来，打得游人四处逃散。此时的喀纳斯湖泛起千万朵雨花，在阳光下闪着奇妙的光芒，仿佛平静的湖水中，忽然绽放无数金银花朵。人们还未来得及欣赏这壮丽的景观，雨忽然就停了，湛蓝的天空像刚刚被洗过一样，看不到半点云朵，远处的阿尔金山群峰也褪去了面纱，清晰可见。若不是天边绚丽的彩虹，人们真不敢相信，这里刚刚下了一场暴雨。更奇特的是，雨后的喀纳斯湖忽然从碧绿的翡翠变成了一颗晶莹剔透的蓝宝石。几只小艇在水面上飞驰，留下一道道长长的水纹。

在喀纳斯湖豌豆荚形的东岸，沿岸有六道向湖心凸出的平台，它们使湖面形成井然有序的六道湾。第一道湾的基岩平台上有一个巨大的羊背石，远远望去，恰似一只卧羊昂首观湖。三道湾观景平台高临湖面，是喀纳斯湖上观赏日落的最佳地点。每至夕阳西下时，在此可见粼粼湖水泛满金光，连苍翠的树林仿佛都披上了一层绚烂的金色纱衣。湖中的湖心岛更如一颗秀美的翡翠，镶嵌在色彩不断变化的湖面上；湖泊北端的入湖三角洲地带，大片沼泽湿地与河湾小滩共存，各种草类与林木共生，平坦开阔的湖畔呈现出一派生机勃勃的景象。

据说喀纳斯湖中居住着很多神秘的水怪，更有人说这是神龙潜伏的宫殿。但科学家们认为那些水纹是生活在湖水中的大红鱼造成的。大红鱼即哲罗鲑，这种巨大的鱼类成年后体长可达2~3米，浑身呈现淡红色，所以又被称为"大红鱼"。

生活在喀纳斯的图瓦人还保持着他们古老的部落氏族观念和独特的生活习惯、宗教信仰。他们以游牧、狩猎为生，无论男女都勇敢强悍，善骑术、善滑雪、善歌舞。喀纳斯村中用原木搭建的木屋散布其中，小桥流水、炊烟袅袅、奶酒飘香。古朴的小村仿佛世外桃源，和喀纳斯湖一样充满神秘色彩。

湖泊、幽林、雾海、彩滩、怪石、古老的民族……美丽的喀纳斯景区到处都透着说不出的神秘，仿佛此景本不该出现在人间，而是上天遗忘在此处的一个梦。

漫山遍野的薰衣草花，将普罗旺斯装点成一片紫色的海洋

027

普罗旺斯
汪洋一片的紫色世界

 国别：法国　　最佳旅游时间：5月至10月
位置：法国东南部

普罗旺斯湖边的城堡和教堂

　　法国普罗旺斯的薰衣草花海是一个浪漫得发紫的梦幻之境。古堡、花海、异域风情、皇宫、竞技场、修道院……这里的一花、一树、每一座建筑，似乎都是为了见证浪漫和自由而存在。

　　来到普罗旺斯，自然会联想到凡·高。据记载，凡·高在普罗旺斯创作了200多幅作品，世界名画《向日葵》就是取材于普罗旺斯向日葵海洋。在普罗旺斯的圣雪米，凡·高的创作欲旺盛，但他也在这里疯癫到把自己的耳朵割掉了。如今，人们走进普罗旺斯，会发现整个小城仍弥漫着凡·高的气息。

　　薰衣草的常规花期为6月至8月，届时，人们大多去塞南克修道院、瓦伦索勒薰衣草

紫色的薰衣草花海美丽无边

花田和索村观赏薰衣草花海,这3个地方的花期是错开的。每年6月中旬到7月中旬是塞南克修道院和瓦伦索勒薰衣草花田最繁茂的时候,而8月则是索村花海最好的时候。只要时间安排得好,从6月进入花期,一直到8月,每一天都能看到紫色花海。

如果够幸运,还能赶上小镇的薰衣草节,那可是最欢乐的节日。就拿瓦伦索勒这个小镇来说,它很小,小到只有一条开着几家餐厅的街道,200米的街道从头走到尾也用不了几分钟的时间。在这样的小街上,都很难看到人,小镇上没有商业气息,人们只是安静地待在自己家里。但一到薰衣草节,小镇就变得人山人海。人们手捧着薰衣草,街道两边是盛开的薰衣草,还有薰衣草装扮的花车、薰衣草制成的各种香料和食物。只是一朵朵小小的花儿,却在这几天以各种各样的形式出现在游客们的面前。而小镇的人也个个都喜眉笑眼,气氛非常好。

除了在街道上有薰衣草节活动,当地还会有乘坐直升机去空中俯瞰花海的活动,那是对薰衣草节上的幸运儿的嘉奖。从空中往下望,盛开的薰衣草花海犹如上帝在田野上铺开的一块巨大的紫色毯子,柔软、梦幻、迷离,让人有一种想要跳下去再在上面打一个滚儿的冲动。

行走在花海里,放眼望去都是满山满谷的紫,呼吸间都是漫天漫地的香,让人犹如置身梦境一般。

作为世界上最大的薰衣草种植地,普罗旺斯薰衣草花海还受到电视、电影制片方的喜爱,众多影视剧如《香水》《薰衣草》《又见一帘幽梦》等均在这里取景。

托斯卡纳

飞翔在艳阳之下

沐浴在托斯卡纳暖暖的艳阳下，和风轻拂，漫山遍野的向日葵露出纯真的笑容，杯中的葡萄酒正用芬芳向你发出邀请。

国别：意大利	最佳旅游时间：4月至10月
位置：意大利中西部	

托斯卡纳是一个有故事的城市，当艳阳洒满整个托斯卡纳，它便笼罩在浓稠的阳光之中。这个风格独特的小城，就连小巷也别具一格，地面的红砖都有着自己的故事。这些看似普通的景色却是托斯卡纳这个优雅之城最美丽的诠释。

爬满墙壁的植物为建筑点缀着绿意

托斯卡纳美丽的田园，朴实而简单

如果想欣赏全部风景，我建议你坐上绚丽多姿的热气球，自由自在地翱翔在托斯卡纳的艳阳之下。不知道你是否还记得《托斯卡纳艳阳下》这部电影，电影里诠释了最美好的田园生活，男主人在开头说道："我打算在异国买一幢房子，它有一个美丽的名字，叫巴摩梭罗。它高大、方正，是杏黄色的。巴摩梭罗是由渴望和阳光组成，就像我的内心写照：渴望阳光。"是的，在托斯卡纳，随处都可以见到这样的房子，这里所有的建筑都充满了历史的气息、阳光的味道。

当你徜徉在托斯卡纳湛蓝的天空中欣赏这复古建筑的同时，千万不要忘了别处的景色，如圣托圭酒庄，它能让你见识到酿酒背后的传奇故事。从城市上方俯瞰，酒庄满眼的绿色一直蔓延到远方，你能看见那被支撑起来的藤蔓正在奋力地向上攀爬着，一颗颗晶莹剔透的葡萄映入我们的眼帘。看着这一切，仿佛美味的葡萄酒正在呼唤你，邀请你来品味一下它的甘甜。

当然了，来到了托斯卡纳，就一定要好好欣赏一番这里的迷人农舍，这些农舍大都坐

○ 乘坐热气球飘浮在这片传说中的土地上空

落于葡萄庄园、麦田，与大自然有着最亲密的接触。这一刻，最大的愿望莫过于置身于这一片宁静庄园中。

　　托斯卡纳无时无刻不在给予你惊喜，这里的艳阳可以掩盖所有的灰色情绪，来到这里的人，只需单纯地享受着这里的一切，就可将曾经的烦恼或者不快全部抛之脑后。遨游在托斯卡纳的天空中，不费吹灰之力就能将这个小城的景色一览无余。这片金黄色的城市，已经成为许多人的梦想之地。你可以随时随地按下相机的快门，将这美好的一切定格在你的记忆之中，或许多年之后，当你再来到这仙境般的小城，又会发现属于它崭新的美丽。这就是托斯卡纳，超越了时间和空间，不被世俗所束缚，每天的它都是全然不同的。它为每一个青睐它的人展现了自己最独特的魅力。飞翔在托斯卡纳艳阳之下，这美妙值得我们用一生去细细回味。

029

梅花山

感受"天下第一梅山"之美

近400个品种的4万多株梅花,让梅花山获得了"天下第一梅山"的美誉。

国别:中国	最佳旅游时间:2月至3月
位置:南京市玄武区紫金山南麓明孝陵景区内	

在中国南京市钟山风景区南部边缘有一座山,因为山顶种满了梅花,所以被称为梅花山。据粗略统计,这里共有梅花4万多株,近400个品种。每到花期,满山梅花盛开。

梅花的花期是每年2月底到3月中旬,届时,各地的游客从四面八方涌来,只为一睹梅花铺天盖地的华丽。梅花山是不会让大家失望的,当你还没有看到花,便有一股香气浸入心脾,这就是梅花山的带路使者。即使你是初来乍到的新人,只要循着香气,就能找到梅花山。

海拔55米的梅花山并不高,没有奇险的山峰,但胜在精致和繁复。

精致藏在梅花的花蕊里。一踏进梅花山景区,便能看到一树树的梅花,细看每一朵花,花瓣细嫩,花蕊涂粉,那种精致的美好让人不由惊叹,从花蕊里溢出的芬芳更把这种美好发挥到了极致。

梅花山繁复的美,

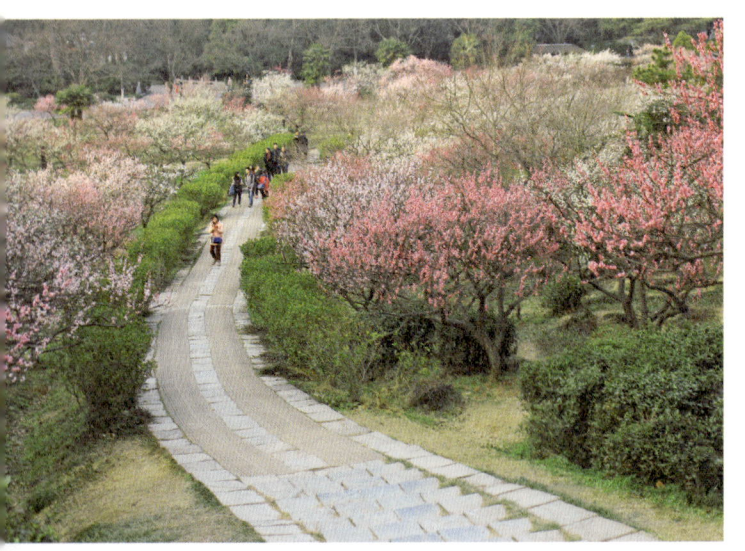

南京梅花山让人置身在花的海洋,犹如置身仙境般美好

博爱阁在梅花的映衬下更加美丽

是需要站在山顶上才能感受到的。从山顶看下去，4万多株梅花争先恐后地开放，梅花层层叠叠，将繁复的美体现到了极致。五彩缤纷的花海，无论你是远眺，还是近看，都会为之惊艳。

在这近400种梅花里，有一个名为别角晚水的品种，那是梅花山的镇山之宝。之所以把它封为镇山之宝，是因为它将精致和繁复全部浓缩在一朵花里面。没有开放的时候，它和别的梅花毫无两样，一旦盛开，你就会发现它的不同。这种梅花的香味更加浓郁，最奇妙的是一朵花的花瓣能够多达45瓣，什么叫繁复的美，你只要看一眼它，就能明白。

不过这种梅花隐藏在4万余株梅花树里面，想要欣赏到它，就要去寻找。在寻找的过程中，你能体会到什么叫"众里寻他千百度"，一旦找到它，你又能感受到"待到山花烂漫时，她在丛中笑"的美好。

在梅花山南侧的山顶上有一座亭子，名叫观梅轩。观梅轩的前身是放鹤亭，是汪精卫的墓，不过现在已经成了梅花山最佳赏梅处。在梅花山南侧还有孙权的陵墓，在那里，你可以去凭吊这位历史名人。在梅花山的山顶上，是博爱阁，那里也是赏梅的好去处。

梅花山位于明孝陵景区里，紧挨着中山陵，欣赏完梅花后，还可以去明孝陵和中山陵逛一逛，感受一下中山陵的恢宏和壮观，拜谒中国民主革命的伟大先行者孙中山先生。

库肯霍夫公园

600万株郁金香美到极致

600万株郁金香，加上极富创意的布置手法，让库肯霍夫公园成为世界上最负盛名的郁金香摇篮。

国别：荷兰
位置：阿姆斯特丹近郊的利瑟
最佳旅游时间：3月至5月

在阿姆斯特丹附近，有一个小镇名叫利瑟，小镇盛产球根花卉，因此小镇的土地全部做了花田，用来种植球根花卉。在这些花卉中，郁金香最多，数量高达600万株，所以这里又被称为"郁金香花海"。

在小镇上，有一个公园，名叫库肯霍夫公园。库肯霍夫公园是荷兰最受欢迎的景点，

鲜艳无比的郁金香花海芬芳迷人

风车是阿姆斯特丹的标志

游客们来到荷兰，都会来库肯霍夫公园参观。郁金香的名贵品种大多种在公园里，因此库肯霍夫公园又被人们称为"郁金香的摇篮"。

郁金香是荷兰的国花，因为它，荷兰又有一个名称为"郁金香之国"。在荷兰人的心中，郁金香是华贵和美丽的化身，被荷兰人视为财富。历朝历代，荷兰国王都有把郁金香当成礼物赠送给其他国家的习惯。

库肯霍夫公园于1949年建成。利瑟小镇的一群花农想要在小镇上建一个花卉公园，于是他们看上了这一块地。这可不是一块普通的土地，在15世纪的时候，这块地的主人是一位伯爵夫人，这里是伯爵送给夫人的狩猎场。因为伯爵夫人喜欢香料，便下令在这块地上种植草药，还特意把这块地取名为"库肯霍夫"。在荷兰语里，"库肯"是厨房的意思，而"霍夫"则是花园。所以库肯霍夫公园的直译中文名其实应该叫"厨房花园"。

可能是因为名字的缘故，也可能是因为这里地势开阔、灌溉便利，花农们选择了这里，他们在地里种上郁金香，并常年不断地持续劳作，将花园不断扩建，并培育出更多优质的郁金香。日复一日，库肯霍夫公园的郁金香品种超过1000种，每年开花的季节，花朵数量有六七百万。丰富的品种和巨大的数量，让库肯霍夫公园成为国际知名的花园典范。

每年的四五月份，来自全世界的游客都纷纷奔向库肯霍夫公园，来欣赏美丽的郁金香花海。郁金香百花齐放，颜色各异，争奇斗艳，让人们流连忘返。园艺师们将这些花儿摆出各种各样的造型，使人赏心悦目。

如果那段时间，你不去库肯霍夫公园的话，也可以选择去荷兰的任何一个地方观赏花，因为在那段时间里，整个荷兰都是花的海洋。据统计，荷兰每年都会培育30亿个郁金香鲜花球茎，到了郁金香花开的时候，整个荷兰都会被郁金香覆盖。荷兰的国土面积才4万多平方千米，同时盛开30亿株郁金香，那场面令人难以想象。

阿巴拉钦

激情中的温婉

国别：西班牙
位置：特鲁埃尔省
最佳旅游时间：全年

塔霍河在群山之间蜿蜒穿梭，在她的臂弯里，阿巴拉钦小镇静静地沉睡着、享受着比利牛斯半岛最柔和的阳光和海风。

  阿巴拉钦位于比利牛斯半岛的东北部，这个建于中世纪的小镇，藏身在群山之中，它躲过了吊车机器的喧闹轰鸣，躲过了钢筋水泥的入侵占领，躲过了飞机火车的撕裂冲击。它对着清澈的塔霍河水整理中世纪的容颜，它沐浴着最温暖的阳光，懒洋洋地躺在山与河的怀抱之中，它轻嗅着来自大西洋的海风，孕育出一个个温馨、浪漫的梦。

  当春风唤起沉睡的树木，小镇外矮丘上的果园变成了色彩缤纷的海洋，蜂蝶在桃花、杏花、梨花间飞舞，美丽的西班牙姑娘就在纷纷花雨中起舞，伴着低沉清幽的乐曲，仿佛一首清新婉约的小令，很难想象，这个以激情斗牛而著称的国家，竟然还有如此温情、如此柔和的一面。和心爱的人走过绿荫花丛，立在横跨塔霍河的石桥之上，任落英坠满肩头，轻嗅着彼此发梢染上的花香，不知有多少人曾梦想着融化在阿巴拉钦的春色之中。

  端一杯当地居民酿制的果汁酒，坐在小镇街头的大槐树下，听着鸟啼的声音被风吹远，看着远处升起缕缕炊烟，美酒、美景、身边的美人，无一不叫人深深地沉醉。那时，你也许再也想不出比这更闲适的生活，再也想不到比这更美的田园风光了。只想永远这样静静地坐着，直待月光铺满地面，才依依不舍地从花茵上离开。

  小镇的建筑格局也颇为独特，方块状的屋体，覆盖着小倾角的屋顶，房屋鳞次栉比地立在山坡之上。那倾斜的山坡，成了房屋的展台；那些精致的房屋，远望如镶嵌在山坡之上的装饰品。沿着房屋建有古老的小路，走进那些深深的巷子，两侧高高的墙壁，让这里有种曲径通幽之感。足音在两壁之间激荡，远远传开，还未见到对面的人，却先听到或是轻灵或是沉着的脚步声。尤其在下雨时，走在这些幽深的巷子里，让人想到戴望舒的《雨巷》，总是猜想着传来的脚步声属于谁，是否对面正有一个丁香一样的异国女子，打着一把古色古香的油纸伞，从巷子那边向你走来。

  小镇的房屋大多采用石膏建造而成，新建的房屋雪白洁净，清新典雅；那些历经岁月

丛林中的阿巴拉钦小镇,远远望去,恍如童话世界

侵袭的古老房舍被山风吹成暗红色,显示出深深的历史沧桑。紧闭的大门上,挂着一只只磁铁雕成的蜥蜴,人们相信它们可以给主人带来一生的好运。镇里有好几处教堂,每至清晨,教堂中就会传来清音唱诵,即使没有宗教信仰的人,听到这种饱含爱与虔诚的声音,也不禁变得更加温和,更加仁慈。

走进那些山坡上的咖啡馆之中,要一杯咖啡,找一个靠窗的位置,拉开窗帘,一边品尝杯中的美味,一边将山水、城堡、教堂、房屋、果园收入眼底,那种被美淹没的感觉,又岂止"悠闲"二字可以概括!

苏士达

金环上的白色圣地

年复一年,一座座白色的房屋在开满鲜花的草地上被建造起来,它们独特的外表,如一颗颗镶嵌在大地上的珍珠,构成了今天苏士达童话般的风貌。

国别:俄罗斯
位置:莫斯科东北
最佳旅游时间:全年

这些历史建筑大都以白色为主色,使城镇更添了几分圣洁与纯净

在莫斯科东北200千米左右的波克隆纳亚山丘上,有一座宁静、美丽、充满乡土气息的小镇——苏士达。它建于9—10世纪,曾经是苏士达大公国的一座重镇,如今已有千年历史。它走过沧桑岁月,经历过王朝更替和战乱,变革、战火都没有改变它原来的样子。那些古老的教堂、精致的木屋、墙壁斑驳的修道院都岿然屹立在风雨之中,几乎和几百年前的画作一模一样。

镇里最具代表性的建筑是那些修道院和教堂,这个仅有9平方千米的小镇上竟然分布着50多座教堂、5座修道院和17座与它们相连的钟楼。那些美丽的白色建筑,掩映在绿树丛中,尖顶直插云霄,如同格林童话中住着美丽公主的城堡。漫步在小镇外侧平滑的草地上,仰望着远处雪白的

◉ 纯白建筑掩映在一片翠色之中,宛若梦幻,令人流连忘返

建筑,会让人情不自禁地走向它们,想亲自确定一下,是否有个美丽的公主住在城堡中,等着王子来将她带走。镇上的居民都是虔诚的东正教信徒。每日清晨,悠扬的钟声便会从教堂旁的钟楼里传播开来,告诉人们新的一天开始了。这些钟楼依然采用手动敲钟,做了几十年的敲钟人能熟练地用这些铜钟演奏出古典的乐曲。

镇内的木质建筑非常有名,几乎所有公共设施与民居都是木质的。据说,最早来到这片美丽的土地上的居民,一到这儿就被这里的青山绿水迷住了。于是,这些居民们按照童话故事里的描述,建造了居所、教堂、修道院……这里最早的建筑布局就与大自然的地理形势相互协调。日复一日,这里的居民不断增多,建筑也不断从绿地上崛起。它们如同珍珠一样点缀在卡缅卡河畔,掩映在绿树丛中,使美丽的苏士达小镇千百年来一直保持着童

○ 街道干净整洁，鲜花绽放，让人备感舒爽

话般的外貌。

  卡缅卡河静静地流过小镇旁边，白色的教堂、苍绿的杉树、挺拔的白杨、湛蓝的天空倒映在河水之中，宛如一幅绚烂的风景油画。一条弯弯的小路，穿过绿毯般的田野，直伸到小镇深处，将那些美丽的建筑分隔开来。路边栽满了各种花草，雏菊、郁金香、太阳花、扫帚梅，吸引来蜂蝶无数，给古朴的小镇增添了无限生机。秋天白杨、桦树的黄叶随风飘下，铺满小镇的道路。踩着厚厚的落叶，走在小镇之中，脚下传来窸窣的声音，鼻子里闻到阵阵香味——这一定是当地人正在烤野味。在这里的餐馆之中，游人能品尝到最美味的野兔、山羊、狍子，焦黄香嫩的肉，极大地刺激了味蕾，让人口水直流。冬季，厚厚的雪掩盖了一切颜色，那些金顶、红顶的教堂都被染成白茫茫的一片，穿着厚厚的羽绒服，在柔软的雪地上奔跑，抓起一把雪，抛向对方，童年时的一切快乐忽然都回到了身边。每年12月底至次年1月初的"俄罗斯之冬"节日期间，是苏士达小镇最热闹的时节，四面八方的游客相聚在这里，人们穿着鲜艳的民族服装，乘着雪橇，载歌载舞。

  美丽的苏士达，让人来了就不想走！

秋叶隧道
感受现实版的速度与激情

普通的树木，因为茂盛，便让这条公路的秋天变得极为绚丽，摄人心魄。

国别：美国	最佳旅游时间：8月至11月
位置：佛蒙特州拉莫伊尔县	

乌克兰的"爱的隧道"是繁茂的树林将铁路笼罩起来形成的，到了春天绿意盎然，充满浪漫的气息。而在美国，也有一条被繁茂的树林笼罩起来的路，它叫秋叶隧道。

秋叶隧道位于美国佛蒙特州拉莫伊尔县的走私者峡谷州立公园里。走私者峡谷州立公

秋叶隧道，犹如油画般的美丽景观

◉ 置身在秋天的秋叶隧道里犹如进入梦境般美好

园位于绿山山脉，秋叶隧道便是沿着山脉修建的一条公路。公路两边是公园里随处可见的树木，叫不上来名字，但却漫山遍野，生命力极强，长得也快。公路修建后不久，两边的树木便从空中延伸到一起，宛如一个绿色的罩子将公路笼罩在里面。

春天树木泛绿，行驶在这条公路上，放眼都是葱绿，让人感觉大自然是如此美好。这时仰头张望还可以看见蓝天，因为树叶刚长出来，还没来得及舒展长大，所以树杈之间会有空隙，太阳从树林上方的空隙射下来，给公路洒下斑驳的光影，有一种梦幻的美。

不过这还不是秋叶隧道最美的时候，它最美的时候是在秋天。当秋季来临时，树叶开始变黄，或是变红，它们挂在枝头上，层层叠叠。春、夏的时候树上的叶子因为都是绿色，所以也不显得繁复；但秋天叶子一旦变了颜色，而不再是统一的绿，红的、黄的、橙色的相间在一起，感觉树叶一夜之间变得繁复起来。这样的繁复是一种美，因为有它们的存在，世界一下子变得五彩斑斓。

在这个时候一定要驾车沿着这条路缓缓行驶，尽情享受秋叶的绚丽之美。倘若这时候有风吹过，红的、黄的、橙色的树叶便飘飘扬扬，在空中打着旋儿，然后缓缓落下，让人在恍惚间感觉像是下了一场彩色的雨。公路两边那厚厚的落叶松松软软，让人恨不得在上面打个滚儿。

都说秋叶之美，美在绚丽、美在神奇，摄人心魄，让人心生向往。秋叶隧道的美丽和奇特，可以满足你所有的遐想。

威吉斯
跨越时空的童话

威吉斯小镇静卧在卢塞恩湖畔，如同一个对镜巧笑的少女，它是那样动人，以至于轻瞥一眼，便让人难以忘记。

- 国别：瑞士
- 位置：卢塞恩湖畔
- 最佳旅游时间：全年

即使在充满美景的瑞士，威吉斯小镇也足以称得上是奇迹了。只有冰蓝清澈的卢塞恩湖水才能滋养出如此干净、富裕、美丽的一块土地，也只有圣洁的瑞吉雪山才能呵护如此秀气、大方，令人魂牵梦绕的一个小镇。

瑞士的小镇很多，它们在大城市如雨后春笋般崛起的今日，显得格外珍贵。在瑞士，你无论采用何种交通方式，在大城市间往来时，都能看到这些美丽的小镇的身影，那些风格迥异的建筑，那些平坦秀丽的田园，那些在中世纪样式的房屋顶上冒起的缕缕炊烟，那些经历了千百年风雨，依然屹立在高地上的要塞、城堡，都让人心动不已。它们让人毫不犹豫地离开那些计划中安排好的大城市，来到这些小镇里寻找真正的瑞士，真正的中欧风情。

卢塞恩湖畔的威吉斯小镇，就是

● 小镇的每一角都别有一番风味

📍 站在小镇湖畔，会觉得宁静中透着安逸

这样一个让人不经意间轻瞥一眼，便再也不能放下的地方。乘车进入小镇时，所有人几乎都怀着一种难言的欣喜，却又小心翼翼，唯恐自己的到来会打破那原有的宁静。那些白墙绿瓦的房屋，从车窗外慢慢溜过，那些有着高高红色尖顶的塔楼，如同戴着圣诞帽子的老人微笑地欢迎着游客。那些温和、善良的居民，看到游人到来，都露出灿烂的笑容，这才让人对自己的冒昧来访稍稍释怀。

由于瑞士是个绝对中立的国家，这里的小镇没有经历过战火，它们大多保持着原始的样子，没有一丝遭战乱破坏又重建的痕迹。威吉斯小镇中，有好多座上百年甚至几百年的建筑。这些古老的建筑静静地矗立在那里，讲述着一个个发生在小镇上的传奇、浪漫的故事。每一座灯塔，每一座修道院，甚至每一个雕像，每一条街道，在当地导游的口中，都能演绎出一个浪漫得让人心动或是伤感得让人流泪的故事。

卢塞恩湖岸上有一座古老的木码头，早晨小镇上的渔民们在这里伴着晨雾驶向风景如画的卢塞恩湖中捕鱼，傍晚又在夕阳的余晖中哼着丰收的小调返航。现在，这儿成了观光

○ 卢塞恩湖区深处的威吉斯小镇，干净、富裕、美丽，是个童话般的地方

游艇的停泊点，游人可以乘着快艇或小木船去欣赏卢塞恩湖的美丽景色。白天，乘着快艇飞驰在平静的湖水中，一边是顶着白雪的瑞吉山，一边是童话般静美的威吉斯小镇，湖风夹着花香雪凉，令人有说不出的舒畅愉快。夜晚荡着小木船，在月影中、渔歌里，看着静穆的瑞吉山和小镇里闪烁的灯光，又有一种难以言说的风情。

优美的环境，使这里的所有居民都被熏陶成了艺术家。他们将瑞士人喜爱园艺的传统发挥到了极致，家家户户，门前屋后、露台上、窗口里、栏杆上、楼梯旁、门廊里，所有地方都种满了花——向日葵、风铃草、天竺葵、牵牛、紫藤、铁线莲，当然最多的还是蔷薇属植物——藤月、玫瑰、蔷薇。马克·吐温曾经在这个静谧、美丽而又充满鸟语花香的小镇中度过了一段难忘的日子，他也一直将此作为"一生的钟爱"。

如果你钟情于童话般被艺术氛围笼罩的旅游胜地，一定不可错过威吉斯小镇，这儿是让你找到梦想的地方！

向日葵园

跳跃着青春与活力的金黄光影

漫山遍野的向日葵,追随着太阳的光,从东到西,日复一日,那明亮的黄,犹如一个具有魔法的黄金毯子,让阿姆利则成为一座温馨的殿堂。

国别:印度
位置:印度西北部的阿姆利则市
最佳旅游时间:4月至6月

说到世界上最迷人的花海,印度的向日葵园要算一个。

印度位于北半球的热带季风气候带,因此全年阳光充足。而充足的阳光又是向日葵生长的必备要素,所以印度盛产向日葵。在印度很多地方的乡村,都能看到向日葵的身影。但这些都是个人无计划地播种的,夹杂在其他农作物中间,稀稀疏疏的毫无美感可言。

近年来,有人意识到了这一点,开始规划,成片种植,于是,美丽无比的向日葵园便在印度的大地上出现了。

向日葵园一出现,便吸引了无数游客的目光,他们一到四五月份,便奔向阿姆利则市。

平日里,游客们来到阿姆利则,会在市区徘徊游荡很久,因为这里有很多锡克教的相关景点——金庙、巴巴·阿塔尔寺、罗姆沙寺等。每一座建筑都是锡克教的历史,每一条街道都承载着锡克教的文化,让人沉醉不舍离去。

到了每年的五六月

漫山遍野的向日葵竞相开放,甚是迷人

阿姆利则市的金庙

份，正是向日葵盛开的季节，游客们到了阿姆利则，第一件事情便是直奔向日葵园。那漫山遍野的向日葵竞相开放，甚是迷人里有铺天盖地的明亮等着他们，心向光明的人们，总是对黄色情有独钟，尤其是黄色的向日葵，更是让人喜爱，因为它是太阳神的象征，是光明之花。

向日葵园位于阿姆利则市郊区，印度与巴基斯坦的交界处，占地足有几百平方千米。开车在向日葵地里奔驰，金黄色的花朵便在窗外如流萤般飞过，明晃晃、金灿灿。虽然花朵在后退，香气却没有飞逝，而是飘进车里，让人心旷神怡。

观赏向日葵，可以站在田园里。一人高的向日葵正好与人并肩。不用低头，也不用仰视，只需靠近，便能与向日葵花亲密接触。看它细嫩金黄的花瓣、硕大的花盘和细腻的花粉，鼻翼间充盈着向日葵特有的清香。和其他花儿不同，向日葵的香气清淡，真正是大自然的香，纯粹、通透。

不过，观赏向日葵园最好的美景，需要寻一个高点。站在高处四下眺望，只见山坡谷地全部是金黄色。它们连成一片，就仿佛是一块黄金毯子。上帝将这么贵重的毯子铺在这块土地上，不知道坐上去，能不能飞翔！

第四章

流光溢彩的时尚之都

伦敦
风景秀丽的泰晤士河绵延曲折

透过巨大的伦敦眼,看这座传统与现代相融合的国际大都市,岁月沧桑与跳动着的现代符号融为一体。你来与不来,它都在等你。

国别:英国 最佳旅游时间:全年
位置:英格兰东南部

伦敦是大不列颠及北爱尔兰联合王国(简称英国)的首都,与美国纽约一起并列成为世界上最大的金融中心,也是驰名世界的旅游胜地。它位于英格兰东南部平原上,跨越泰晤士河。众多的博物馆和名胜景点、多元化的大都市文化氛围,历史与现代、浪漫与现实

伦敦塔矗立在泰晤士河畔,是一组占地约 7 万平方米的庞大建筑群

◎ 位于泰晤士河畔的伦敦眼曾是世界上最高的摩天轮

的情怀，使伦敦尤具吸引力。

伦敦作为世界著名的大都市，交通发达，乘飞机可以直达。走在伦敦，任何人都会喜欢上这座城市散发的英伦气息。伦敦作为世界著名的旅游城市，交通非常便利，只要拥有一张地铁券就可以把全城跑遍，游尽城内的一切风景名胜。白天，可以去参观具有浓郁文化气息的塔桥、博物馆、王宫、古迹……累了的时候，可以坐在公园的石凳上休憩，或者在餐厅里喝下午茶打发时光。到了夜晚，伦敦的音乐会、歌舞秀、酒馆、夜总会等，会把人的情绪带入高潮。这里还是欧洲著名的购物中心，最快乐的事情是在周末市集购物。与精雕细琢的购物橱窗和豪华百货公司不同，市集里散发着浓郁的民间气息。在熙熙攘攘的市集中，人们可以找到维多利亚时代的古董、精致的手工艺品、叛逆前卫的朋克行头……

伦敦的旅游景点比较多，可以去参观著名的名胜景区，尤其是标志性景点白金汉宫。白金汉宫就是英国的王宫，是一座大约有4层楼高的正方形围院建筑，建在威斯敏斯特城内。可以坐地铁在St.James'sPark（圣詹姆斯公园）站或Victoria（维多利亚）站下，

夜晚的伦敦塔桥灯光璀璨，泰晤士河在桥下流淌，景色奇美

走到购物广场西南角就是白金汉宫。整座王宫有音乐厅、典礼厅、画廊、宴会厅等600余间房，拥有面积辽阔的御花园。花园鲜花繁多、花团锦簇，美不胜收。在宫前广场高高的大理石台上，胜利女神的金像在阳光下光彩熠熠。宫殿正门富丽堂皇，外面栅栏的金色装饰庄重威严。透过栅栏，可以看到围墙里近卫军士兵纹丝不动地站立着。每年4月至9月，11:30至12:00白金汉宫的皇家卫队都会举行换岗仪式，其所展现的高贵王室气象经常吸引路人围观。每年的八九月间，白金汉宫对外开放，普通民众都可以进入，宫殿南侧的女王美术馆和皇家马厩也是对外开放的。

塔山上的伦敦塔是伦敦一座标志性的宫殿和要塞，现在是武器和王冠的展览地，里面藏有英国著名的维多利亚女王和伊丽莎白二世的王冠，光彩夺目的王冠是英国王室高贵优雅风采的象征。坐落在泰晤士河边的威斯敏斯特宫，占地面积3万多平方米，是历史最悠久的哥特式建筑。它曾是英国国王的宫殿，现在是英国议会的所在地。威斯敏斯特宫西南角是高达100米、全石结构的维多利亚塔。宫殿东北角是一座97米高的钟楼，上面著名的大本钟重达21吨，表盘直径7米，钟摆重150多千克。此外，还可以去伦敦的海德公园，那里有著名的"演讲者之角"，也叫"自由论坛"。在这里，可以学习英语，了解英国历史，感受英国的文化氛围。

伦敦以深厚的历史文化底蕴、色彩斑斓的城市格调、雄伟的风姿屹立在世界城市之林。它的高贵与优雅使其成为旅游的必选都市之一。

洛杉矶

狂野不羁的西部之旅

这里有妇孺皆知的国际影都好莱坞,有惊险刺激的迪士尼乐园,你想寻求刺激吗?那就到"天使之城"洛杉矶游玩一次吧。

国别:美国	最佳旅游时间:3月至10月
位置:加利福尼亚州西南部	

坐落在美国西海岸的洛杉矶,以旖旎的风光闻名于世,因此,对于想要休闲度假的人来说,洛杉矶真是一个不错的选择。

洛杉矶是一座文化名城,但到洛杉矶的人们却更喜欢与大海亲密接触,因为这里拥有

○ 洛杉矶海滩风景优美,是冲浪的好去处

洛杉矶的格利菲斯公园风景优美

被誉为"世界冲浪之都"的亨廷顿海滩,聚集着大批冲浪者,他们选择这里作为他们的乐园,冲进大海的怀抱中,尽情享受大海的温柔和热烈。而热辣的西海岸海滩,则成为人们清肺和与大海亲密接触的好地方。翻滚的波浪,可以让人们逃离繁杂的现实世界,让心灵得到洗礼。

不仅是海滩让人充满激情,迪士尼乐园的活力也会感染到此的游客。一踏进迪士尼乐园的大门,就能看见米老鼠在迎接来宾。不论年纪大小,见到这样有趣的卡通形象,人们都会忍不住快步上前,拉住米老鼠的手,热烈地与之拥抱。不远处的唐老鸭,西装革履,一副绅士的模样,不时地摘下礼帽,向游客致意。七个小矮人和白雪公主正手拉着手翩翩起舞。在这里游玩,所有的烦恼都不复存在,只剩愉悦和快乐。

在迪士尼乐园里面走一天也走不完,因为它的面积实在是太大了。以美丽的睡美人城堡为中心的几大主题园区,都能带给你奇妙无比的游乐体验。置身于轮番上演的花车巡游和烟花畅想中,仿佛到了缤纷绚烂的童话世界。游客们都争先恐后与这些可爱的迪士尼动画人物合影留念。要想玩遍迪士尼乐园所有的娱乐项目,最少要一天半到三天时间。每个项目或惊险刺激,或轻松有趣,给人们带来出乎意料的无穷惊喜。

从迪士尼乐园出来,可以去格里菲斯公园散步,这里的夜景实在是太美了。这里有全好莱坞最美、最壮观的风景观景台,而好莱坞的巨型标牌就在公园的山顶。这里是最佳摄

日落时分的好莱坞大道

影地点,游客都纷纷在这里拍照。公园内种植着橡树和野生鼠尾草,仍维持着早期印第安人居住时的景观,带着一丝神秘的氛围。到这里看看,保证让你满意而归。

到了洛杉矶,怎么能不去好莱坞!那里有世界著名的TCL中国剧院、星光大道和杜莎夫人蜡像馆。在蜡像馆里,你会与好莱坞所有的大牌明星"相遇"。这也是近距离观察他们的一个机会,这比清新的空气还要让人着迷。

号称"全世界最尊贵"的住宅区就在比弗利山庄。这里是洛杉矶最著名的城中城,好莱坞的巨星纷纷在此购房买地。漫步在椰林风影的街道,欣赏罗迪欧大道的豪奢气派,也许一不留神,就会有你崇拜的明星偶像,开着一辆敞篷跑车,从你身边疾驰而过。

在洛杉矶,还能看到一座让中国人惊叹的建筑,那就是位于"最令人难忘的花园式博物馆"尾的一座小园林。这是一座中国的苏州园林,名为流芳园。园中的一石一瓦都是从中国江南空运而来,并由中国苏州的工匠们亲手打造。园里种植的很多植物都源自中国,每个细节都充满中国的味道。置身其间,会让人有一种回到中国江南水乡的错觉。

马里布祖玛海滩,是游客都喜欢去的海滩之一。这里水清沙白、海水清澈,带着咸味的海风吹拂在脸上,格外舒服。此外,还有各种水上运动,如人体冲浪、滑板冲浪等,吸引着大批的年轻人聚集于此。

来到"天使之城"洛杉矶,请放慢脚步,细细品味这座热闹非凡充满活力都市吧!

米兰
集似锦繁华与沉静安详于一体

米兰有"世界历史文化名城""世界歌剧圣地""世界艺术之都"等美誉。它究竟是繁华都市,还是纯朴的古城,期待着游客前去寻找答案。

国别:意大利　　最佳旅游时间:7月至9月
位置:意大利西北部

 米兰美丽迷人的自然风景

米兰位于波河平原的西北部,阿尔卑斯山脉南麓。作为意大利的第二大城市,米兰以观光、时尚、建筑著称,历史非常悠久。这座世界著名的国际大都市,以14世纪意大利建筑精华的主座大教堂为中心,汇集了浪漫柔情的期盼。

米兰是国际时尚之都和购物之都,所以到了米兰,首先要去的是著名的埃曼纽尔二世走廊购物街。回廊呈拉丁十字形,顶端出口到斯卡拉歌剧院,下端出口至米兰大教堂。虽然说是购物街,但在这里,观光的意义远大于购物。从走进去那一刻,你就是在接受意大利文化的熏陶。连拱廊,天花板附近的绘画,人行道上马赛克的图案均很精致。道路两旁有咖啡馆、餐馆、书店及汉堡店,随处可见游客在休息、拍照、聊天。

到米兰还一定要看歌剧,意大利的歌剧可是音乐界的王牌。米兰最著名的斯卡拉歌剧院位于大教堂广场以北,有着200年的历史,是意大利最大的歌剧院,也是世界名演员的向往之地,享有"世界歌剧院"的美称。歌剧院可容纳2800名观众,建筑采用新古典主义的造型,内有4种形式的包厢和2个前廊,包厢共分6层,大厅中间是池座。坐在这里欣赏歌剧,不只是一种享受,更是一种荣幸。

米兰的建筑很有特色,尤其是中世纪的城堡。斯福尔扎城堡是米兰的一座著名城堡,

俯瞰米兰这个国际时尚之都，建筑奇特壮观

也是米兰最著名的景点之一，曾是统治米兰的斯福尔扎家族的住所。整个城堡占地面积很大，高高的城墙、精致的庭院、繁多的房间，从中可窥见当时斯福尔扎家族的奢华生活景象。城堡如今已经作为博物馆向公众开放，分成好几块区域，分别设立有古代艺术博物馆、家具博物馆、乐器和应用艺术博物馆等多个博物馆，藏品数量很大，看后可以学到很多知识。

喜欢足球的游客，到了米兰都会亲临现场，观看一场世界大牌足球明星的比赛。国际顶尖足球队AC米兰足球俱乐部和国际米兰队，经历众多次比赛的磨炼，已在国际足坛上立于常胜之地。

看完足球，去看看米兰的自然风光吧。风光旖旎的科莫湖是意大利的第三大湖，湖被高耸的群山包围，树木葱茏，景色迷人，是欧洲著名的观光胜地。在科莫小镇，窄窄的步行街道趣味盎然，沿途的景物非常有意思。建于14世纪的大教堂，外墙用大理石制成，教堂内有高耸的窗户和珍贵的壁画。你也可以坐索道，从高处俯瞰科莫城，或者去灯塔登高观景，风光更佳。

马焦雷湖上有3座美丽的小岛，分别是超级渔夫岛、母亲岛和美丽岛，每座岛上都是鲜花盛开。由棕榈树、橘树和茂盛的花圃组成的美不胜收的湖滨大道，环绕着3座美丽的小岛。湖景与美景交相辉映，天堂般的美景使人身心愉悦，流连忘返。世界各国的许多作家都来湖边寻求灵感，海明威就是这里的常客。马焦雷湖不仅有优美的风景，历史和艺术财富也散发着迷人的气息，附近名人的豪华别墅各具特色。湖边种植着杜鹃花、茶花和八仙花，以及许多其他花种和灌木，让人感觉仿佛置身于一个大花园。

米兰从山到水，都风光秀丽，景色迷人。

都灵
王者之地的都市风情

这里有数不胜数的图书展、音乐节,还有著名的乔万尼电影节。漫步街道,看着街道的两旁排列着一条条优雅的拱廊,令人无比惬意!

国别:意大利　　最佳旅游时间:全年
位置:意大利西北部

都灵是意大利第三大城市,皮埃蒙特区首府。都灵美丽的自然风光吸引了来自世界各地的游客。在这里有很多景点,主要景点有都灵塔、国家电影博物馆、埃及博物馆、波河、瓦伦蒂诺城堡、阿尔卑斯山脉等。来到都灵,就让自己的身心在这座美丽的城市里彻

风景优美的都灵,是度假的好场所

都灵塔直冲云霄，奇特壮观

底放松。

都灵塔又称安托内利尖塔，它位于都灵市区里，是都灵的地标性建筑，2欧分的意大利欧元硬币背后图案就是都灵塔。都灵塔整个建筑主体为钢质，是意大利工业建筑的代表建筑。站在塔下仰望高耸的塔身，气势雄伟。如果乘坐都灵塔的全景电梯到观光台，还可以欣赏到都灵与阿尔卑斯山脉、波河河谷之间的景色，那又是另一种宏伟的气势了。

国家电影博物馆是都灵市里人气极高的一座博物馆。这是一座独特的塔楼，高达167米，是都灵的标志性建筑。博物馆的中心是巨大的礼拜堂，周围环绕着代表各式电影风格的10个小礼拜堂。走进博物馆，就仿佛看遍电影的历史，馆内展出了许多早期拍摄电影所需的设备，透过这些可以看到电影业在都灵的发展史。博物馆中各种迷宫式的参观路线，展示出不同的情趣。让人意想不到的场景和声音，让你感觉似乎正在观看一部令人感动、难以忘怀的影片。从你步入博物馆的那一刻开始，你不再只是一个纯粹的参观者，而且还是探索者、作家、演员或观众，用多重身份或角色探讨、思索电影发展史。从博物馆

电影博物馆外墙挂着著名电影演员的照片

展品的价值和所组织的科学教育活动的数量来看，都灵国家电影博物馆被认为是世界上最重要的博物馆之一。

除了国家电影博物馆，都灵还有一家埃及博物馆，值得去看一看。这是一家埃及考古学和人类学专业的博物馆，被公认是继伦敦和开罗的埃及博物馆之后最好的古埃及原始工艺品博物馆。馆里专门收藏埃及文物：底层主要陈列高大的雕塑，最重要的文物就是用黑色闪长岩雕刻成的巨型塑像；楼上主要陈列着代表埃及文明的收藏品——编织品、耕作工具、捕鱼工具、打猎用具和草纸上的古代文献（据说包括世界上最古老的地形图）等。在这里，能看到埃及文明的起源和发展过程。

逛累了，可以在卡斯特罗广场休息一下，这是都灵最主要的广场。大量剧场、博物馆、咖啡馆都聚集在这里，每到周末，许多街头艺人会到这里表演，很多开放的音乐会都会在这里举行。

也可以前往圣卡洛广场，那里被誉为都灵的"客厅"。整个广场雄伟宽阔，气势恢宏。从圣卡洛广场出发，可以到达美轮美奂的圣卡大教堂和圣克里斯蒂娜大教堂，它们都是巴洛克式建筑。广场与建筑交相辉映，庄严大气。

都灵绿色植被覆盖率高，环境优美，是个度假的好地方。

戛纳

繁花盛开的沙滩海湾

 国别：法国　　最佳旅游时间：5月至10月
位置：法国南部

> 你想体验做明星的感觉吗？那就来电影宫走红毯吧。沐浴着阳光，漫步在海滩上，看蔚蓝的大海，感受高大棕榈树摇曳的海岛风光。

戛纳位于法国南部，是一个旅游胜地，因优美的沙滩而闻名。

很多人是通过戛纳电影节知道戛纳的。本以为戛纳就像电视里看到的一样聚集了大量明星，不想到了戛纳才知道原来它是另一副模样。戛纳老城区，是戛纳的起源与摇篮，在苏克山丘区域。从那儿可以俯瞰整个城市、港口、海滨大道和群岛。窄窄的街道，古老的建筑，幽静的氛围，心情不好的人到了这里都会得到慰藉。

历史上的戛纳，原来是一个渔船避风的地方，随着西班牙人的入侵，查理五世和法朗索瓦一世之间的军队大战、拿破仑的登陆，使得这座城市声名远扬。历史上很多大作家、艺术家都来过戛纳，英国维多利亚女王、俄罗斯玛利亚·亚历山德罗芙娜皇后，还有一些国家的国王及王后拜访戛纳后都喜欢上了这座城市。从此，许多大型豪华酒店、住宅、宫殿等纷纷在这座城市落户，现代化的戛纳有机会站在了国际舞台上。

海滨大道一边是沙滩海湾，一边是雅致的

戛纳犹如一幅风景画，沙滩、酒店、游人相得益彰

◎ 戛纳外滩的圣玛格丽特岛美丽迷人

酒店，无论哪边，都宽阔整洁。这些酒店既保留着20世纪的古建筑遗迹，也融合了现代化的建筑元素。街道中间的绿化带上鲜花盛开，棕榈树在阳光下生机勃勃，给小城增添了无限的魅力，也向来往的游客证明，这是个清肺的好地方。海滨大道的展览馆，每年都会展出一些著名画家的杰作。徜徉在美术馆的静谧氛围中，欣赏精彩纷呈的艺术作品，是一种无比的享受。

戛纳的港口，是戛纳最热闹的地方之一。这里停泊着密密麻麻的高档游艇，傍晚的夕阳照在海面上，老式的双桅船和现代的游艇形成鲜明的对比。屹立在海边的城堡、高山、钟楼，仿佛油画里的景物，交融成一幅静美的画面。

圣保罗德旺斯，位于戛纳和尼斯之间，它是建在山顶之上的村镇，像是筑在树上的鸟巢。小镇被中世纪的建筑及城墙所包围，城墙内侧的小路正好环绕小镇一圈。在这个岛巢般小镇的中心地带，有一座建于12世纪的教堂——圣保罗教堂。在迷宫似的弯弯曲曲的道路两旁，依山势排列着一幢幢中世纪的建筑，散发着古朴的气息。

在戛纳外海有个岛屿叫圣玛格丽特岛，想要出海的话，可以去圣玛格丽特岛游玩。这座岛因为曾经关押过铁面人而声名鹊起。许多游客到这里就是为了这段神秘的故事和那个可怜的人。传说路易十四曾因为担心孪生弟弟抢夺王位而将其在这里监禁了11年，后来才把他转移到巴黎的监狱，最后终老在监狱里。每个人来到这里心情都是沉重的，铁面人的囚室、考古洞穴等，无不牵动游客的心。不过，整个圣玛格丽特岛的风景美不胜收，笔直的大道与两旁高耸的参天松树，形成对比鲜明的景观。

走在戛纳的街道上，花香、鸟鸣、鸣笛的游艇，一切都在动与静中交融着。

悉尼
依山靠海的岛屿城市

 国别：澳大利亚　　最佳旅游时间：10月至次年4月
位置：澳大利亚东南部

如果你想远离人际关系的纷扰，远离城市的喧嚣，那悉尼是个很好的选择。这里的海滩星罗棋布，风格各有千秋，具有"南半球纽约"之称的悉尼，是让你感到惬意的地方。

悉尼是澳大利亚历史最悠久、规模最大的城市，迷人的风景让每一个慕名而来的游客都有不同的感受。

到悉尼，听场歌剧是必要的项目。悉尼歌剧院是世界著名的表演艺术中心，也是悉尼的三大地标建筑（悉尼歌剧院、海港大桥和悉尼塔）之一。多少年过去了，歌剧院依

远望悉尼歌剧院

夜幕降临，悉尼海港大桥在灯光的映照下显得辉煌而壮观

然大气端庄，让人不得不赞叹设计者的思想前卫。这里已被联合国教科文组织列入了《世界遗产名录》。

在不同的时间和角度，歌剧院呈现出来的美都是不一样的。歌剧院外墙是用小的马赛克砖拼接成的，夜晚的歌剧院比白天更有视觉冲击力。悉尼歌剧院里面肃静庄严，墙上悬挂的是世界上最大的竖琴。这里是没有音响设备的，因为要聆听经典、正宗的交响乐原声，音响设备显然是多余的。剧院的座椅是根据人体工学特殊设计过的，坐上去让人姿态优美同时又非常舒服，可谓是细致到极致。

听完歌剧，到达令港转转吧。那里是个清肺的好地方。达令港由港口码头、绿地流水和各种建筑群组成，其中有奥林匹克运动会展示中心、IMAX超大屏幕电影院、悉尼水族馆、国家海事博物馆、悉尼会议中心、悉尼娱乐中心、悉尼展览中心、动力博物馆等，还有艺术市场、购物中心、各种游艺场、咖啡馆、酒吧、饭店等，非常受游客喜爱。这里绿树成荫，游人众多，有来自世界各地的街头艺人在这里表演。

悉尼美丽的海滩吸引着大量的游客

走近时你会发现，这里是悉尼最受欢迎的景点之一。悉尼许多休闲娱乐的场所都聚集在这里——购物中心、酒吧、西餐厅、南半球最大的IMAX影院……这里是悉尼旅游和购物的最佳之选，也是举行重大会议和庆典的场所。这里的夜晚灯光璀璨，有一些街头表演，欢呼声、尖叫声此起彼伏，气氛十分热烈！也可以选择在这里的高档西餐厅、酒吧和甜品店，点上一份牛排，在璀璨的灯光下，慢慢品尝美食，享受温馨、甜蜜的气氛。

悉尼的海边风景不错，如果想要清肺，那里是首选。位于悉尼歌剧院西边的海港大桥，是悉尼的标志性桥梁，也是地标性建筑，与悉尼歌剧院齐名，连接着悉尼CBD和北岸，又被称作"大衣架桥"。攀爬悉尼海港大桥是悉尼最受欢迎的旅游项目。许多攀爬运动爱好者，到这里都跃跃欲试。站在最高处，可以将悉尼歌剧院和整个悉尼港尽收眼底。

乘坐飞机离开悉尼时，从高空看悉尼歌剧院那犹如白色风帆的建筑，依旧那么迷人，那么个性十足……

巴黎

一座无与伦比的城市

穿过凯旋门，在美丽的塞纳河上划划船，仰望一下参天入云的埃菲尔铁塔，相信卢浮宫丰富的藏品会让你惊喜不已。你想尝试一下吗？那就快来吧。

国别：法国　　最佳旅游时间：全年
位置：法国北部

巴黎整洁的街道

巴黎是法国的首都，也是这个国家的心脏。在这个极具历史感的城市里，有数不清的名胜古迹，徜徉在这座古老而浪漫的都市，让身心舒展开来，相信你一定会流连忘返。

◉ 雄伟壮观的埃菲尔铁塔

  法国巴黎战神广场上的埃菲尔铁塔，是法国的地标，铁塔呈镂空结构，总高324米，建于1889年，得名于它的设计师古斯塔夫·埃菲尔。它是法国的天然广告牌，每当有盛大活动时，埃菲尔铁塔就会成为世人瞩目的焦点，这时的铁塔被装点得非常漂亮。白天站在塔底观赏铁塔，钢铁结构分明，令人肃然起敬。到了夜晚，埃菲尔铁塔又是另外一番景象，探照灯散发出金色的光芒，数不尽的灯泡制造出闪烁的效果。

  与电影《巴黎圣母院》同名的建筑，是一定要拜访一下的。巴黎圣母院是一座石头建筑，在世界建筑史上被誉为"由巨大的石头组成的交响乐"。教堂大厅可容纳9000人，当厅内的大管风琴响起时，共有6000多根管发出音色纯正、浑厚响亮的乐曲，或高亢，或悲壮。虽然这是一幢宗教建筑，但它闪烁着法国人民的智慧，反映了人们对美好生活的追求与向往，历史上许多重大的典礼都在这里举行。自巴黎圣母院完工之后，饱经风霜、战争与破坏，目前见到的已经是几度重修后的模样。这座哥特式的建筑是巴黎最古老、

卢浮宫在灯光的映照下，显得富丽堂皇

最高大的天主教堂，历时180多年方才落成。自它落成之日起，即成为法国宗教建筑的标杆，在欧洲建筑史上具有划时代的意义，是古老巴黎的象征。

喜欢艺术的游客千万不要错过卢浮宫。它号称"巴黎的心脏"，是法国历史最悠久的王宫。卢浮宫分为新老两个部分：老的部分建于路易十四时期，新的部分建于拿破仑时代。宫前的金字塔形玻璃入口，是华人建筑大师贝聿铭设计的。卢浮宫的整体建筑呈"U"字形，占地面积为24万平方米，建筑物占地面积为4.8万平方米，全长680米，是世界上最著名、最大的艺术宝库之一，是举世瞩目的艺术殿堂和万宝之宫。卢浮宫内馆藏丰富，有很多世界级的宝物，如被誉为"世界三宝"的雕像《维纳斯》、油画《蒙娜丽莎》和石雕《胜利女神》，还有大量希腊、罗马、法国、意大利及东方各国的古董。当把所有的展品看完，相信你一定会惊叹不已。

卢森堡公园是巴黎一座生机盎然、美丽如画的公园，里面耸立着许多思想家、诗人题词的半身塑像与纪念碑。在高大的古树下，是一望无际的绿色草坪，人们可以打牌、下棋或者玩球，还有人在骑马，喷泉旁边是三三两两的人在谈天说地。

对于一个热爱艺术的人来说，此生不去巴黎，就太遗憾了，因为那里有艺术精髓的最高典范。

罗马
神奇世界

2700多年的历史在这里沉淀、发酵，无数个世纪在这里重叠、辉煌，那些灿烂的瞬间变成人们永恒的记忆

国别：意大利	最佳旅游时间：4月至9月
位置：意大利半岛中西部	

意大利首都罗马是一座有2500余年历史的古城。它是当今意大利的政治、历史、文化、交通中心，也是古罗马灿烂文化的发祥地，有着辉煌的文明历史。罗马既有摩天大楼式的现代化建筑物，也有镌刻着历史沧桑的古迹。"罗马不是一天建成的！""条条大路

特雷维喷泉，游客通常会在此地许愿

◉ 罗马圣彼得教堂

通罗马！"这些流传至今的谚语都足以证明古罗马文化在人类文明史上的影响力。除了悠久的历史和深厚的文化底蕴，这儿交通发达，经济繁荣，文化昌盛，人们生活富足，在世界上是非常罕见的。去这座古老又时尚的城市旅游，可以在现代化气息中追溯逝去的沧桑古韵，别具风味的旅游体验会让你印象深刻。

罗马作为一座现代化大都市，交通发达，游客可以从国内乘飞机直达该城市。倘徉于卢比孔河畔，可以隐约看到凯撒大帝在卢比孔河畔踌躇的影子，回味那义无反顾的英雄气魄。漫步在罗马的大街小巷，萦绕在脑海的是拥有甜美笑容的赫本，邂逅罗马时代留下来的浪漫。在现代化的高楼大厦中，更能感受到费里尼的《甜蜜的生活》中描绘的现代罗马的生活状态，在剧中有一句经典台词表达了罗马城市的气质："我喜欢罗马，它有错综复杂的特质。"罗马的复合气质，更体现在其一年四季魅力之不同。春秋时节，或繁花盛开，或果实满枝，天气晴朗，风和日丽，是罗马最美丽的季节。7月至8月，盛夏的罗马如同阳光一样热情似火。冬日的罗马，细雨霏霏，如同一个忧郁的少女。四季不同的风情让游客的感受也各不相同。

罗马是一座闻名遐迩的文化名城和艺术宝库。在罗马的古城区，古代建筑物和艺术珍品占整个古城区面积的40%。整体来看，罗马古城如同一座巨大的露天历史博物馆，矗立

古罗马斗兽场,是古罗马帝国专供奴隶主、贵族和自由民观看斗兽或奴隶角斗的地方

着举世瞩目的历史古迹,如凯旋门、帝国元老院、万神殿、记功柱、大竞技场等,还有文艺复兴时期流传至今的精美建筑和艺术珍品。当今的罗马,也是世界天主教的中心。城市里一共有7所天主教大学和700多座教堂与修道院,被市区包围的梵蒂冈城国是天主教教廷的驻地,设置有宫殿、教堂、博物馆、大学和图书馆等。这座饱含历史沧桑的古城如同一座典藏丰富的历史博物馆,颠覆着人们对历史和现实的众多认知。

  一定要去罗马最具有代表性的景点——斗兽场参观。斗兽场是一座圆形竞技场,从诞生的那一天到现在,一直是罗马的象征。在这里,可以看到古罗马建筑最伟大和最基本的结构——拱券结构。一系列的拱券、恰到好处的椭圆形构件,使整座建筑物非常坚固。竞技场有宽敞的走廊和阶梯,设计有80个拱门,在拱门入口处标有清晰的数字,能让观众找到自己的位置。在10分钟之内能让5万人迅速坐定于剧场,这在今天也是一种先进的设计方式。竞技场也有非常合理的功能性设计,角斗士的进出和休息、猛兽关押的地方、死伤者的抬出,都有清晰明显的线路。西方谚语"何时有大斗兽场,何时就有罗马,当大斗兽场倒塌之时,也是罗马灭亡之日"证明了斗兽场建筑对罗马的意义。即使在今天,游客站在圆形竞技场的遗迹上,依然可以依稀感受到2000多年前观众疯狂的、地动山摇般的呐喊声。在这里,可以追述古罗马的历史,堪称一堂生动的历史课。

第五章

心灵回归的朝拜圣地

青朴修行地
净化心灵的家园

如果说神秘的藏传佛教令人心中充满信仰的话，那么青朴就是净化心灵的修行地。

国别：中国	最佳旅游时间：全年
位置：西藏自治区山南扎囊县	

青朴修行地位于海拔4300米的纳瑞山腰，它距离西南位置的桑耶寺仅7500米。纳瑞山多为荒山秃岭，呈现出没有活力的土黄色，唯独这里生机勃勃，小溪在葱茏的树林潺潺流淌，蝶儿鸟儿在繁盛的百花间上下翻飞，恍若世外仙境一般。正是这样的美景吸引了无数人来此。

山脚下矗立着古色古香的建筑

○ 虔诚修行的人们

青朴三面环山，正南面敞开处正对着雅鲁藏布江的宽广河谷。由于深居大山深处，溪流潺潺，植被茂密，青朴修行地冬无严寒夏无酷暑，常年气候温和。在这里到处生长着生命力顽强的草木。树林里，各种各样的野花互不相让，不时有飞鸟从空中掠过，唱出清脆悦耳的曲子。五色经幡随处可见，迎风飘荡，路边的石块上还可以看到藏文摩崖石刻，大部分是各种颜色和各种字体的六字箴言。这一切让人不禁赞叹藏族人的智慧，他们将美景和信仰结合在一起，孕育出神秘多彩的藏地风情。

青朴修行地的山中有108座修行山洞和108处神泉，历史上曾在此修行过的寂护大师、莲花生大师、藏王赤松德赞及金刚乘大师白若杂那等，都在此留下数不胜数的圣迹。位于山顶的莲花生修行洞格乌仓和下面的措杰洞、法王洞、鲁堆琼钦洞，都已成为朝圣者、旅游者向往的名胜。

山脚下的庵子庙，是青朴最有名的寺庙之一。庵子庙是一座尼姑庵，庙内的摆设与西藏其他寺庙没有区别，只是墙壁上的壁画都是以尼姑为主。在徒步青朴的途中，可以看到

◉ 山上随处可见的经幡，表现了虔诚的信徒对神灵的敬畏

很多简陋的小房子，条件好些的用石头砌成，差些的就只支个棚子，还有人直接住山洞。这就是著名的修行者的居所，很多人就居住在这里，常年静修。

再往上走，就是温扎寺了。一进寺门，迎来的便是一排排、一盏盏点亮了的酥油灯。酥油灯在藏传佛教信徒心中十分重要，那一盏盏的酥油灯，传达着信徒无限的虔诚和祈愿，把酥油灯比作信徒们的精神之灯一点都不过分。

温扎寺之上，就是莲花生大师修行过的红岩洞，这里是整个青朴修行地的最高点。大师的修行洞并不宽敞，洞内正中的佛龛中供奉着莲花生大师的镏金塑像，在众多酥油灯的映照下金光灿灿。

站在最高处往下眺望，明媚的阳光下，青朴山一片茂密的绿色，溪流从山上流淌下来，冲刷着河流中间摆放的转经筒，使其一刻不停地转动，发出清脆的叮当声。远处是山间斜坡和悠长辽阔的雅鲁藏布江。置身其中，完全不觉身处西藏，宛若身在江南。

墨脱

隐秘的莲花

它至今还处于原生自然环境，但是让人无法拒绝、山清水秀是它的主要特征，鸟语花香是它的美好注解，神秘莫测是它的原始常态。

国别：中国	最佳旅游时间：5月至11月
位置：西藏自治区林芝市	

墨脱是西藏高原上海拔最低、环境最好的地方；墨脱是西藏最温和、雨量最充沛的地方；墨脱是西藏最神秘、生态保存最完好的地方。总之，它的一切都充满诱惑，令人迷醉。

历史上的墨脱曾被佛教信徒所向往，虔诚的信徒们甚至把一生能去一次墨脱看作人生最大的幸事。在《象雄大藏经》的《甘珠尔》中，墨脱被称作"佛之净土白马岗，圣胜之中最殊胜"。墨脱人有自己独特的转经楼，这些转经楼通常建在溪边。悦耳的铃声与潺潺的流水交织在一起，伴随着漫山遍野的花香和此起彼伏的鸟儿的鸣唱，严肃庄重的转经在这里变得诗情画意，佛门的信仰在这里变得馨香。

墨脱的妙处，蕴含在徒步行走的艰难过程之中。它地处雅鲁藏布江的腹地，曾长期不通公路。在墨

青山绿水下的小屋，恬淡安宁

 被青山绿水环绕的墨脱，物产丰饶，景色极具诱惑力

  脱面前不能言路，可以说世界上再也没有比墨脱更难走的路了。墨脱复杂的地质构造决定了它拥有比其他峡谷盆地更多的山，处处怪石嶙峋、悬崖峭壁，放眼望去，简直没有落脚之处。山上植被茂密，原始森林神秘莫测。徒步去墨脱的过程绝对是一段惊险、艰难、刺激的旅程。森林里出没的野兽令人胆战心惊，水里嗜血成性的蚂蟥让人不寒而栗，整个旅途就是一段刺激无比的冒险，这种经历只要一次，绝对令人终生难忘。

  大自然就是这样奇幻，它让人永远地捉摸不透。与险峻的旅途相对应的是一路上绝美的风景。瀑布是行走过程中不能错过的一个看点，水量之大、数量之多，实属罕见。从山石上倾泻而下的瀑布，初时如轻纱般朦胧，从石壁上缓缓地流淌下来；坠落下来后，水花被岩石撞击得四分五裂。水流吼声震天，无比壮观，然后腾起阵阵的水雾，在山间飘浮，如梦似幻。景象壮观阔大，瀑布奇绝的美让人忘却了旅途的艰险与身心的疲惫。

老虎嘴瀑布从山石上倾泻而下，腾起阵阵水雾，无比壮观

门巴族和珞巴族世代生活在墨脱，他们善良淳朴，在这片神奇的土地上挥洒着汗水。门巴族的竹编精美绝伦，珞巴族的饮食方式独特，烧烤是主要的烹调手段。这里曾经交通不便，人力背夫是唯一的运输方式，在城中随处可见负重前行的人们。劳动者是最美丽的，他们背进来药品，背进来钢筋水泥，背进来大米青菜，把墨脱建设得更加美丽。独特的民族风情与鲜艳多彩的服装，共同交织成一道亮丽的风景线。

有人形容人生是一场苦难的修行，当心灵疲惫时，来一场说走就走的旅行是十分有必要的。走路去墨脱，是让心灵放松的绝佳选择。伴随着随时可能出现的野兽、高山峡谷、鸟语花香，走在不见人烟的秘境之中，把生命掌握在自己的手中，这将会是最璀璨夺目的一段旅程。这样的旅程，你的人生能够拥有几次？

蓝毗尼

世人瞻仰的圣地

国别：尼泊尔
位置：尼泊尔西南和印度交界处
最佳旅游时间：7月至11月

蓝毗尼那些古老的菩提树如同经历了千百年沧桑的智者，散发着丝丝禅意，静默地看着小镇，看着往来的游人……

在喜马拉雅山脉南麓距离加德满都300千米的地方，有一个叫作蓝毗尼的地方，这里被尼泊尔的佛教徒们视为圣地。2000多年前，佛祖释迦牟尼就诞生在这里的一个花园中。从加德满都出发，汽车在山路上颠簸，但没人会感到旅途的劳苦单调，世界上最雄伟

蓝毗尼博物馆内的佛像

的山脉下的景色处处让人着迷。

　　山路时而穿过巉岩，时而越过开满鲜花的草原，两边有时是浓密的森林，有时又是光秃秃的石滩；远处的雪山时时可见，路边的渊壑令人惊心动魄，有苍鹰在高空盘旋，有狍鹿跳入灌木丛中；砖木建筑的小镇，草木苫成的乡村，热闹的集市，山路上独行的僧人，骑着大象的男子，河边浣洗的女人们……无不让人感到一种异乡的情调，也让人忘记旅途的辛苦。

　　到了蓝毗尼，所有的人都会屏住呼吸，细细地体会着这里与众不同的奇妙的氛围。也许这就是人们所形容的禅意吧，在这儿，不管是否信佛，都会一下子静下来，从心灵到身体都静下来，体会这里祥和的气氛。

　　走在蓝毗尼的街头，随处都可以看到盘腿打坐、诵经的僧人。他们胡须蓬乱、僧衣破旧、眉毛上沾满灰尘，可是那虔诚的双眼中却透出无限的浩渺与空灵。若是在冬季，你还能看到他们衣角、眉梢结起薄薄的寒霜，可是依然赤着双脚，穿着单衣，坐在青石板上，一动不动。让见者无不受到触动，敬意油然而生。

　　蓝毗尼景色美不胜收。山间绿树成荫，那些古老的菩提树如同经历了千百年沧桑的智者，散发着丝丝禅意，静默地看着小镇，看着往来的游人。平地上是青葱的绿草、茂密的芭蕉，每天清晨这些低矮植物

蓝毗尼是佛教发源地，寺庙众多

寺庙倒映水中，纯净古朴，更体现出了蓝毗尼这个佛祖故乡的灵气

的叶子上都会挂满晶莹的露珠，折射出奇异的光彩。远处山岭间，峰峦耸立，常常雾气蒙蒙，山风吹过，云雾缥缈，松涛阵阵，松针被风弹拨着，如万琴齐奏，交会成一曲气势磅礴的交响曲。如果走进山林之中，还会听到山溪清泠的流水声，如同清音梵唱，悠扬祥和，令人神清心静。每至朝暮时分，山雾从高处流下，飘向蓝毗尼镇中，给翠绿的大地铺上了一层厚厚的白纱，更让这里如同烟雾缭绕的佛国仙境。

摩诃摩耶夫人庙呈白色，极为清秀和肃穆，而简洁的方形又给人一种典雅和庄严的印象。庙旁边有一水池，池水清澈透明，阳光照射到水面上，珠光点点，十分美丽。池边的娑罗树树干挺拔，树冠茂盛宽阔，像是在庙前撑开一把伞，专为跋山涉水前来参拜的佛教徒提供一片阴凉。而佛教徒们唯一能够回报的，就是自己虔诚的信念。

轻轻地触摸那些古老的佛教雕刻，轻轻地抚摸那些沧桑的古树，站在一旁静静地瞻仰那些苦行的僧人，你会将生活中所有的烦恼、不快、失落都抛到脑后。在这里，你能净化自己的心灵！

雪域高原的蓝天白云、圣洁纯净、天然美好，这里是离天空最近的圣地，仿佛呼吸间就将心灵净化了。

拉萨

洗涤心灵的圣地

国别：中国 最佳旅游时间：3月至10月
位置：西藏自治区

布达拉宫依山傍水，美丽无比

直到自己的双脚真的踏上了青藏高原，真的站在了这个离天空最近的地方，我才从恍惚中清醒过来，兴奋地在心中大声叫喊。这里的一切都别有韵味，让自己慢慢融入这圣洁的世界，去体味其中的不同。

雄伟壮观的布达拉宫

对于西藏,《青藏高原》这首歌就是最好的诠释;而对于拉萨,这个雪域高原上的精灵,它就像雪山上的天籁之音。其实,它并不需要华贵的乐器来伴奏,也不需要刻意地营造气氛,只需天和地进行一段简单的对话,和谐纯净的天籁之声就会自然而然地倾泻而出。

拉萨是个洁白无瑕、一尘不染的地方,它就像一处人间仙境,涤荡着人的心灵,让世界变得更美好。拉萨就在美丽的拉萨河北岸,从一望无际的草原上远远望过去,拉萨就像河畔的一颗宝石,在薄雾消散后闪闪发光。这湛蓝的天空如同还未来得及调和的颜料,纯净浓郁。那一团团低低的云朵,像是雪白的棉花,松弛绵软。人们对于这条河的热爱,完全不亚于对自己母亲的热爱。在河的两岸,人们尽情地放松自己,在河里舒畅地游来游去。偶尔看到青翠的水鸟轻轻点一下平静的水面,荡起一圈圈涟漪。

在拉萨水汽氤氲的温泉附近,人们常常会被淋湿。再看那挺拔巍峨的山脉,连绵起伏,苍翠青葱。终于到了心中久久向往的布达拉宫,那壮丽纯洁的宫殿让人赞叹不已。它将汉藏风格结合在一起,庄重大方,没有丝毫违和感。夕阳下那一排排有着千年历史的小屋,附近兜售工艺品的小摊,也许它们才是这座城市真正的主人。在不知不觉间拉萨又下起了雨,痛快地淋一次拉萨的雨吧,独自在雨中享受着这来自青藏高原的清静与圣洁。生命中所有的欢乐和兴奋都在这时候化为雨滴在空气中跳跃着,穿过那个千年一梦的时光隧道,化为数不尽的轮回。

时光如过眼烟云,转瞬即逝,唯一不变的就是那深深刻在脑海中的一切。

048

— 宏伟的建筑与细致的浮雕,将吴哥窟推上了柬埔寨国宝的位置

吴哥窟
毗湿奴的神殿

国别:柬埔寨　　最佳旅游时间:11月至次年4月
位置:暹粒

东方有四大奇迹,分别是中国的万里长城、印度的泰姬陵、印度尼西亚的婆罗浮屠,还有一个便是柬埔寨的吴哥窟。因其悠久的历史和精美的建筑,吴哥古迹在1992年被联合国教科文组织列入《世界遗产名录》。此后吴哥窟作为吴哥古迹的重中之重,成

○ 宏伟壮观的吴哥窟

用红色砂岩建造的庙宇

为柬埔寨一张亮丽的旅游名片。

吴哥窟属于吴哥古迹中的一个古迹群，它位于暹粒市区的北面。吴哥古迹有600多处古迹，其中最著名的是吴哥窟和通王城，还有巴肯山、塔普伦寺、女王宫等建筑。每一处建筑都有它们各自的特色，因此，吴哥窟是需要你花费一点时间慢慢逛的。

要去吴哥窟，需要从护城河穿过去。和中国的古城建筑一样，吴哥窟也有护城河，呈"口"字形，将吴哥窟的建筑护在内院。吴哥窟有东门和西门，从西门进去一直往前走，路的尽头有一个十字阳台，这便是通向吴哥窟山门的王台。

从王台进去就踏进了吴哥窟的建筑中心。吴哥窟被认为是世界上最大、最完整的寺庙。吴哥窟的金刚宝座塔、祭坛、回廊是必须要参观的。那层层叠叠，犹如金字塔般的祭坛象征着古印度神话里的须弥山，祭坛顶部的5座宝塔代表须弥山的5座山峰，寺庙外的护城河象征着须弥山外的咸海。

长廊里的浮雕是吴哥窟的另一道风景线。浮雕的图案非常精美，内容也非常丰富，每一座浮雕都讲述了一个印度教的神话故事，整个长廊就是一幅印度神话画卷。那些人物形象饱满，让你在感受印度神话韵味的同时，也能感受到柬埔寨的美术文化。这些艺术文化汇集在一起，便形成了丰富多彩的高棉古典艺术。

吴哥窟寺庙内巨大的雕像

  吴哥窟被称为小吴哥,通王城被称为大吴哥。这里以前是高棉帝国的都城,在鼎盛时期,通王城里的居住者达百万之多,其繁华程度可想而知。这里也是吴哥古迹的心脏,布满了大大小小的景点——巴戎寺、巴普伦寺、空中宫殿等。

  参观完吴哥窟,还可以去巴戎寺与巴普伦寺游览。巴戎寺是通王城的中心,这里和吴哥窟一样都有回廊。回廊上有丰富的浮雕,寺庙里有大大小小的佛塔,最大的一座高约40米。只是巴戎寺的浮雕和吴哥窟的浮雕内容不尽相同,吴哥窟的浮雕表现的是印度神话故事;巴戎寺的浮雕内容表现更多的是现实生活,从古代战争到当时百姓的生活状态,简直就是一部柬埔寨发展史。

  巴普伦寺在巴戎寺的西北面,是专门给印度教湿婆神修建的国寺。寺庙的大部分建筑已经倒塌,但空地上依然堆积着这些修建寺庙的石头。虽然已经不能恢复原样,但它们依然是文物,而不是普通的石块,每一块都蕴含着厚重的历史。巴普伦寺的须弥山非常高,而且很陡峭,游客攀爬的时候需要手脚并用才行。

  游走在吴哥窟的建筑里面,触摸这些古老的建筑,能感受到高棉帝国的那段辉煌历史。

曼谷
包罗万象的"天使之城"

曼谷融合了东西方文化，是包罗万象的"天使之城"，它被誉为"佛教之都"，是繁华的国际大都市，世界各地的游客纷至沓来，一探其神秘和美丽。

| 国别：泰国 | 最佳旅游时间：11月至次年3月 |
| 位置：泰国中部 | |

考艾国家公园里美丽的瀑布

曼谷，是可以让人目睹泰国历史文化的精粹，感受古老的都市。你可以走进寺庙中寻求心灵的净化；融入路边市场，尝尽地道的美味；或者在五星级酒店，享受高端奢华的服务；也可以纵情于纸醉金迷的夜生活。

清肺的理想场所，自然是有森林、有瀑布的地方。满足这两点的是离曼谷约3小时车程的考艾国家公园，也被称为"大山国家公园"，它也是野生动物保护区。沿着公园步道向上走，你会发现这是由几座大大小小的山组合而成的群山。山中有许多气势雄伟的瀑布，其中以素越瀑布、功矫瀑布最著名。

大山深处，清泉汩汩，瀑布高悬。站在瀑布前，只见浪花飞舞、溅玉跳珠，阵阵水雾如雨水般扑面而来。阳光下，一道道彩虹五彩斑斓，景色绝佳。深呼吸一下，你会感觉水的清冽渗入到你的心底。山谷中绿林遮天蔽日，野花如云，百鸟争鸣。置身其中，仿佛身处仙境。

考艾国家公园中，那空那育河、章打堪河、莫绿溪等均从此发源。功矫瀑布附近，喃打空河上面，横着一架竹索桥，游人从桥上经过，桥身颤动，令人胆战心惊，吓得人没走

大皇宫是泰国保存最完整、最大的王宫，金碧辉煌、宏伟大气

几步就停住脚步，不敢继续前行；待桥身不晃动了，又壮壮胆量，继续前行。桥下水流奔腾，别有一番情趣。待走过桥去，方才大舒了一口气，似乎提着的心才落下来。每逢节假日和酷暑季节，泰国的民众和众多外国游客都蜂拥而至。沿着登山公路，可以直达全公园的最高观景点。

在考艾国家公园中，还设有多处动物观赏塔。游客可在白天观看大象在高高的草丛中漫步、老虎在草丛中假寐、长颈鹿伸长脖子散步闲逛，以及其他野生动物活动的情景。喜欢刺激的游客，也可以在夜间乘车，观看大型动物深夜猎食的场景，如果碰巧看到狮子猎杀梅花鹿的场景，那才真是刺激。公园内还有现代化的旅社，并划定了数处营地，让游客在接近大自然的环境中住宿，别有一番情趣。

逛完了公园，去大皇宫看看吧。大皇宫是泰国诸多王宫之一，是保存最完整、规模最大、最有民族特色的王宫。大皇宫位于曼谷市中心区，由一组布局错落有致的建筑组成，汇集了绘画、雕刻和装饰艺术的精华，是典型的泰国三顶式结构建筑，具有鲜明的暹罗建筑艺术特点，深受各国游人的赞赏，被称为"泰国艺术大全"。如今只有加冕典礼、宫廷庆祝等仪式才在这里举行。大皇宫的建筑群共22座建筑，主要建筑是4座各具特色的宫殿，从东向西一字排开。屋脊是绿色的瓷砖，屋顶是红色的琉璃瓦。曼谷王朝从拉玛一世到拉玛八世，均居于大皇宫内。

曼谷的青山绿水、瀑布山涧、金碧辉煌的大皇宫等，美不胜收。

曼德勒山

灵魂的栖息地

	国别：缅甸	最佳旅游时间：10月至次年2月
	位置：曼德勒省	

走在曼德勒山的山路上，回首俯瞰，一片绿色的都市中，点缀着白色的高楼大厦，闪烁着金光的佛塔如朵朵金莲花，盛开在大地上。

伊洛瓦底江从曼德勒山脚下流过，在它们交汇之处，孕育了一座伟大的城市——曼德勒。曼德勒又名"瓦城"，它从19世纪开始就是缅甸重要的政治、经济、文化中心，这里有巍峨的佛塔、庞大的宫殿、雕刻精美的佛像，也有古老的城堡、英国殖民时修建的政

 阳光下的佛塔金光熠熠，让人肃然起敬

○ 隐逸在丛林中的佛塔，古朴宁静

府大厦。青山、绿水、古庙、佛塔将这里装饰成了一处灵魂的栖息所，也将这里点缀成了一处佛光笼罩的圣地。

走在曼德勒山的山路上，回首俯瞰，一片绿色的都市中，点缀着白色的高楼大厦，闪烁着金光的佛塔如朵朵金莲花，盛开在大地上。相传2400多年前，佛祖释迦牟尼来此传道时，曾站在山上，指着伊洛瓦底江畔说，这里将会出现一座庞大的都市。曼德勒果然不负众望，它的辉煌让所有见过它的人感到震撼。也正是因为这样，城里的人相信，这座城市是在佛陀的旨意下建立起来的；他们信佛、敬佛，相信这座城市永远会继承佛陀慈悲、宽容的心，它也永远会得到佛陀的佑护，永远繁荣昌盛下去。

清晨的阳光透过繁茂的绿叶，坐在被碎光洒满的巨石之上，合起双手，让新一天的生活从净化灵魂开始。很多缅甸人，长年累月地坚持到曼德勒山上打坐，他们就这样静静地坐在那里，一言不发，双眼若闭若开，神思若游若离。仔细地观察，你会发现，他们的精神是那么专注，他们的呼吸是那么平静，他们起来时心情出奇地好，仿佛真的得到了灵魂的净化。尝试着找块无人的石凳坐下，轻轻闭上眼睛，尽量不去想生活中的杂事，叽叽喳喳的鸟鸣在耳边跳跃，时近时远，似乎远处的梵音也渐渐响起。那确实是一种来自心灵的

成排成列的白塔，威严秀丽

声音，虽然并不抑扬顿挫，甚至有些单调，却可以让人深深着迷。你沉醉在这低低的梵音之中，忘记了盘屈的双腿早已麻木，连那叽叽喳喳的鸟鸣都忽略了，耳中、心中只有那些清灵的梵音，它们越来越响，越来越清晰，那些和婉的音符在头脑中飞来飞去，直到被同伴叫醒的时候，余音还久久不息。

山上有很多庙宇，远看和中国的古建筑颇为相似，那飞檐、挑脊、滴水、吻兽都似曾相识，可走近却发现并不相同。它们有着独特的造型，多了几分棱角，少了几分圆润；多了几分奇异，少了几分优雅。它们不似中国的古建筑那么大气，那么雍容华贵，但那些屋檐、墙壁上雕刻的佛像、鬼怪却更加充满奇幻色彩，尤其是那些手持巨杵的守护神像，露着獠牙，瞪着巨目，张口怒斥，令人心生寒意，敬畏之心顿起。

躺在当地特有的独木小舟中，任其荡漾在伊洛瓦底江的缓流之中，听着不远处寺院奏响的梵音和僧侣们的吟诵声，感受着江水拍打船壁的沉缓节奏。虚幻迷离中，那城市似乎就飘浮在眼前，它在慢慢地变化，幻化出一朵盛开的灿烂的金莲花。

051

菩提伽耶
空寂之城

* 国别：印度　　最佳旅游时间：全年
* 位置：比哈尔邦伽耶市

> 走在尼连禅河的岸边，绿水从身边汩汩流过，低矮的枝条垂进水中，风一吹便扰起朵朵涟漪，如同传说中次第绽放的莲花。

古印度是佛教的发祥地，这里的佛教圣地多得数不清。菩提伽耶位于比哈尔邦伽耶市。相传，当年释迦牟尼云游到此，在附近的森林中苦修6年，这使他形容枯槁，精疲力竭，但还是未悟得解脱之道。于是他放弃苦修，到尼连禅河中沐浴，洗去一身积垢。他随后攀树枝上岸，喝了牧羊女奉献的乳糜之后，便来到了菩提伽耶，在一棵大菩提树下打坐静思，发誓如若不能大彻大悟，终生不起。他就这样苦思冥想了七七四十九天，终于在一个月圆之夜悟得了正道，成为佛陀。从此菩提伽耶也成了佛教信徒心目中最神圣的地方。

○ 打坐的释迦牟尼佛

走在尼连禅河的岸边，绿水从身边汩汩流过，低矮的枝条垂进水中，风一吹便扰起朵朵涟漪，如同传说中次第绽放的莲花。这条河因为传说也带了禅意，很多印度人喜欢在河中沐浴，他们相信这样可以除尽污垢，带来吉祥。河边有很多巨大的榕树，如同一把把张开的大伞。当地人说，佛祖当年就是在这样的树下打坐，最后得道成佛的。印度人喜欢在大树下乘凉，随着旅游业的发展，这些地方成了小贩们摆摊的地方，出售各种

摩诃菩提寺，是与佛陀生前生活紧密联系的4个圣地之一，是释迦牟尼悟道的地方

纪念品、食品的摊位密密麻麻，和想象中佛陀静坐处截然不同。

还未进入菩提伽耶，那巨大的大觉寺（摩诃菩提寺）佛塔就映入眼帘。它高高地耸起，矗立在周围的矮塔和绿树之中，仿佛高大的佛陀正在讲经，而菩萨和罗汉们围护在身旁，倾听着他的教诲。塔内供奉着一尊镀金坐像，佛祖身披黄色袈裟，大耳垂肩，双眼低垂，面容慈祥。来自世界各地的游人，虔诚地参拜着佛像，有的抬头仰望，被宏伟的建筑和高大的佛像所折服；有的低头祈祷，不知在许下什么心愿。

大觉寺后面是著名的菩提树，这棵树是1885年翻修时从斯里兰卡大菩提树上砍下来的树枝扦插而成的。佛塔周围的空地上，来自不同国家、不同地区的佛教信徒们各自圈一块地方集体打坐，各种语言的诵经声此起彼伏，十分喧闹，但只要你静下心来，很快就会发现那种相同的音调，把不同的语言糅合在一起，那些纷乱的声音竟然随着这音调变得十分和谐，变得清晰而有节奏。也许这便是佛的魅力，无论外界如何，它在信徒们的心中永远能创造出一个独立的世界。这里安静、祥和，没有冲突和纷争，没有喧嚣和争吵，这里空灵但不空虚，这里寂静却不寂寞，心灵可以在此得到休憩，灵魂可以在此得到解脱。

泰姬陵

王妃之谜

泰姬陵在水中的倒影呈现了泰妲的少女形象，这到底在昭示着什么？

国别：印度
位置：距新德里200多千米的阿格拉城内

最佳旅游时间：10月、11月

泰姬陵是一座由白色大理石建成的巨大陵墓清真寺，是莫卧儿皇帝沙·贾汗为纪念他心爱的妃子于1631—1648年在阿格拉建造的。泰姬陵是印度穆斯林艺术最完美的瑰宝，是世界遗产中令世人赞叹的经典杰作之一。

泰姬陵壮观雄伟，景色迷人

泰姬陵始建于1631年，除汇集全印度最好的建筑师和工匠外，还聘请了中东地区的建筑师和工匠，耗尽了国库库存，从而导致莫卧儿王朝的衰落。泰姬陵用大理石筑成，这些大理石来自于322千米外的采石场，本不是纯白色，只是因为大理石表面镶嵌了宝石，在阳光的照射下，宝石折射出光芒，才会使泰姬陵变得纯白无瑕。建造所有墙体用的都是大理石，就连陵园那黑色的文字也是大理石制作的。撇开历史原因和爱情故事所赋予泰姬陵的意义，只是泰姬陵本身就价值连城。这是因为泰姬陵的每一处都镶嵌了宝石、珍珠和银钉，还有金质栏杆和银质大门，它的每一个角落都散发着光芒。也正是这个原因，才会引起无数窃贼觊觎，因此每年泰姬陵都会被窃贼光顾。不过，虽然经常有宝石和银钉等饰品被偷走，泰姬陵依然雄伟壮丽，倾倒世人。

一身红衣的印度女子和泰姬陵的白色形成鲜明对比，互相映衬，分外动人

泰姬陵有怎样的形制呢？它坐落在一个风景区内，庄严雄伟的门道象征着天堂的入口，上方有拱形圆顶的亭阁。沙·贾汗想在亚穆纳河的另一边为自己建一座同样的黑色大理石陵墓的传说似乎没有太多的真实性。沙·贾汗的儿子奥朗则布于1658年宣布为帝，并把父亲软禁在阿格拉一个城堡内达8年之久，一直到他父亲去世。沙·贾汗被软禁时能从城堡远远眺望泰姬陵，不过后来他也被葬在泰姬陵中。

从建筑的角度看，泰姬陵代表了莫卧儿王朝建筑成就的高峰。陵墓矗立在一个底座上，上面饰有光塔，人们对它怀有与清真寺同样的崇敬心情。

泰姬陵能够保存到今天也是一个奇迹。因为就在泰姬陵建成大约1个世纪之后，整个南亚次大陆沦为英国的殖民地。征服者不仅掠夺了印度的财富，还要毁灭它的文明。泰姬

正中央是陵寝，在陵寝东西两侧各建有清真寺和答辩厅。这两座式样相同的建筑，对称均衡，左右呼应

陵被改造成了英国青年们娱乐的舞厅，甚至是聚餐的场所。他们还将铁锤、凿子带了进去，以便在酒醉饭饱之后敲凿陵墓上的宝石和珍珠。更有甚者，传说曾经有人还制定了一个拆掉泰姬陵拍卖的计划，连施工机械都已经开进了陵园。后来由于种种原因宣告失败，才被迫放弃了这一计划，使泰姬陵得以保存下来。

泰姬陵早上、中午、傍晚、晚上四个时间的景色是不同的：朝霞时分的泰姬陵，是静静的；中午时分，顶着蓝天白云的泰姬陵，是光彩夺目、玲珑剔透的；傍晚时分的泰姬陵，是最妩媚的；月色朦胧下的泰姬陵，是清雅出尘，如同仙女般圣洁美丽的。

如今，泰姬陵是印度的骄傲，世界的奇迹。你是不是也想亲眼见到这座为爱而生的建筑？百闻不如一见，那还等什么？

恒河

天堂的入口

传说国王为了洗刷自己祖先的罪孽,请求仙女下凡,于是就有了恒河

- 国别:印度
- 位置:印度北部
- 最佳旅游时间:10月至次年3月

"今天早晨,我坐在窗前,世界如同一个路人,停留了一会,向我点点头走了。"也许,我们无法做到像印度大文豪泰戈尔那样,把世界当作一个路人。因为大多数时候我们就是一个路人,奔波在旅途中,在陌生的地方做客,点点头,然后离开。

恒河不算长,然而它却孕育了四大文明古国之一的古印度,是古印度文明的摇篮。它

姹紫嫣红的楼阁,成为恒河流域的独特风景线

错落有致的西式风格建筑群，成为当地最有代表性的人文景观

用丰沛的河水养育了印度人民，成为印度人眼中的"圣河"，被誉为"印度的母亲"。

对于恒河来说，前来朝圣的人是它的子女还是路人呢？没有答案。在河畔，有各色各样的人，他们做着不同的事情。从早晨的沐浴，到夜晚的降临，甚至在黎明来临之前，他们也会划着船，在恒河中等待日出。

对于恒河来说，我们只是一个过客，来了，看了，听了，走了。而恒河对于旅行者来说，不也只是一个过客吗？世界很大，人生很短，我们都是别人生命中的过客，别人也都是我们生命中的旅人。

宽阔整洁的街道，两旁绿树成荫。在街道上行走的印度女子，一袭纱丽，遮掩了雪白的肌肤，缠绕出曼妙的身材。一些松鼠毫不畏惧，在树枝间跳来跳去，似乎这里它们是主人，我们是过客，因而找不到害怕的理由。

静静地坐着，不要扬起尘土，让世界向你走来。这和我们信奉的"千里之行，始于足下"似乎矛盾。但是，如果能像泰戈尔一样把世界作为过客，那么世界自然而然地会向你走来。

乘一只船，在恒河里游走，一动不动地坐在甲板上看河岸的人群，他们不正如世界一样向我们走来吗？早晨已经过去，人们却没有完全散尽，依然有人在洗浴，这大约算不得晨浴了。夜晚降临，恒河岸边依然热闹不止……

恒河是印度的灵魂，是神圣的象征，是天堂的入口。身为印度教徒，一生至少到恒河净身一次，他们认为圣水可以净化心灵，洗脱罪孽。

众多的神话故事和宗教传说构成了恒河两岸独特的风土人情。在印度神话中，恒河原是一位女神，是雪王的公主，为滋润大地，解救民众而下凡到人间。就让这些传说与故事永远流传在恒河两岸吧！

冈仁波齐峰

神灵之山

转山是藏族民众的一种信仰和寄托,而且转山的圈数也是有讲究的:都为单数,一圈意味着今生的罪孽已消除;13圈能将前世来生的所有罪孽洗净,同时有资格转内道;108圈则表示已经成佛为仙。一般藏族民众都是转一圈或13圈

国别:中国 最佳旅游时间:5月、6月
位置:西藏自治区西南部

  冈底斯山脉的主峰海拔6656米,名为冈仁波齐山峰。它位于普兰县的玛旁雍措北面,橄榄形的山峰高耸入云,山峰顶端常年冰雪覆盖,如同水晶一般泛着莹亮的光彩,而四壁山石对称,又如莲花环绕,将冈仁波齐衬托得越发神秘。

  250多条冰川给冈仁波齐峰带来大量水源,这些水源往下流去,分别进入雅鲁藏布江、印度河和恒河等流域,因此可以说,冈仁波齐峰是这些河流的发源地。冈仁波齐峰东边是传说中释迦牟尼攀登过的万宝山,度母山、智慧女神峰和护法神大山分别位列另外三面,因此冈仁波齐峰被称为"神山之王",是西藏佛教、印度教、原始苯教等众多宗教人士的朝拜圣地,每年都有大量的信徒来这里朝拜和转山。

  冈仁波齐峰有一点异于其他山峰,那就是向阳面终年积雪不化,背阴面却不见积雪。这种有悖常理的现象至今无人能够解释。冈仁波齐峰与其他山峰一样巍峨挺拔,因此看上去气势磅礴。

美得令人窒息的玛旁雍错湖

◉ 冈仁波齐峰顶四季冰雪覆盖，山脚经幡飘飘

但倘若走近它，会发现它还具备一种静谧肃穆的气质：山上随处可见灌木松柏、清溪幽泉，与山顶的冰雪相互映衬，显得幽静至极。

冈仁波齐峰和同样气势雄峻的纳木那尼峰遥相呼应，它们像是两个婴儿，静静地卧在巴嘎平原上，仿佛世界的纷扰都与它们无关，而它们的景色又美得如世外桃源一般。在这里转山，也是一种美的享受。信徒们完成转山，虽然累得筋疲力尽，但心中却早已被幸福和满足充盈。即使不是信徒，来到这里，也会被一种大自然的力量所震撼。

冈仁波齐峰有内外两条转山道，内线是以因揭陀山为核心的转山道；外线是指围绕冈底斯山的大环山线路，这条线路总长32千米，倘若徒步的话3天就可走完一圈，但是信徒们磕头长拜，则需要半个月之久。而且信徒们不只是转一圈就停止，他们一般都是要转足13圈，再去内线。也就是说，只是转外圈，他们就需要近200天，再加上转内线，信徒们想要转完冈仁波齐峰，则需要近1年的时间。这需要多么大的恒心和毅力啊！属相和转山也有关系，相传马年来朝拜神山，是最幸运的事情，因为马年转山1圈所收获的功德，相当于其他年份转山13圈的功德。

第六章

海风习习的
阳光海滩

马尔代夫
浮游生物见证美好的青春时刻

一群散发着荧光的浮游生物,将马尔代夫的沙滩装点得如梦幻的仙境一般

 国别:马尔代夫共和国　　最佳旅游时间:全年
位置:维拉萨鲁岛

马尔代夫位于印度洋,作为一个有近1200个岛屿的岛国,陆地面积只有298平方千米,因此仅从陆地面积来算的话,马尔代夫应该是亚洲最小的一个国家了,但它却因其美景被天下人尽知。

因为这里有适宜的温度,有清澈的海水,还有美丽的珊瑚和湛蓝的天空,所以,人们将马尔代夫称为天堂。每年都会有很多人从世界各个地方到马尔代夫来游玩,他们享受温

马尔代夫的白沙滩就像一颗颗珍珠散落在海岸边,清新迷人

马尔代夫被称为"度假天堂"

在海滩上喝杯咖啡是一种不错的选择

柔的海风,更享受浪漫的海滩。

马尔代夫的海滩可是出了名的美丽。近1200个岛屿,造就了许许多多的海滩,每一片海滩都有自己不同的特点。它们形状各异:有的沙砾满地,配以礁石和巨浪,如处在叛逆期的少年,这样的海滩适合户外爱好者,他们可以在这里感受运动的乐趣;有的细沙绵软,踩上去软绵绵的非常舒服,这样的海滩适合和家人一起漫步,尽情享受与家人团聚的美好。

还有一种海滩适合追梦者,这便是梦幻的荧光海滩。荧光海滩位于维拉萨鲁岛上,这里是马尔代夫最著名的海滨旅游胜地,只要来马尔代夫的游客,都会想到这里看一看神奇的荧光海滩。

荧光海滩的神奇之处,在于它能散发奇幻的光彩。在漆黑的夜里,四周的岛屿都陷入了寂静,天地间一片苍茫,而这时的荧光海滩却会散发出一阵阵光芒,那些光芒在海面上,随着波涛冲上沙滩,退潮的时候又退回去,还没有退到海中间,就又被波浪冲上来。退回,冲上来,退回,冲上来……如此反复,有一种灵动之美,让人迷醉。

如果这时候你在海滩上漫步,海浪冲过你的脚印,等到退回去,你的脚印里就会留下闪闪的荧光。有一首歌的歌词是"白雪留下我的脚印",那意境已经很美,但那只是写意的美。当你看到荧光留下你的脚印时,你才知道,什么叫奇幻的美。

长久以来,人们都不明白为什么荧光海滩会散发出荧光,后来经科学家研究后才得出答案。原来在这片区域,盛产一种能散发荧光的浮游生物。一只浮游生物的光芒微弱到可以忽略不计,但因为海浪的作用,它们便被聚在一起随着波浪在海滩上起起伏伏,形成了如梦似幻的荧光海滩。

不过它们并不是每时每刻都会被海浪聚在一起赶到海滩上的,所以这种场面不是每天都会有,据说只有幸运的人才能看到。如果你来到马尔代夫,不妨去荧光海滩住一晚上,看一看你的运气如何。

056

巴厘岛
充满魔幻魅力的岛屿

众多海岛移民文化和美丽如画的海岛风光，让巴厘岛成为世界最佳岛屿之一。

国别：印度尼西亚
位置：印度洋赤道以南，爪哇岛东部
最佳旅游时间：5月至9月

2015年，美国著名的旅游杂志《旅游+休闲》做了一项调查，评选世界上最美丽的岛屿，巴厘岛毫无悬念地名列榜首。无论是去过巴厘岛的人，还是没有去过巴厘岛的人，都承认这样一个事实：巴厘岛美极了。

巴厘岛位于印度尼西亚境内，印度洋赤道南方，略呈菱形，西面与爪哇岛隔海相望。岛屿南北长80千米，东西宽140千米，常住人口约315万，是印度尼西亚人口密度第二大的地方，也是印度尼西亚1万多个岛屿中最著名的一座岛。能够从1万多个岛屿中脱颖而出，巴厘岛依靠的是美丽的自然景观和巴厘岛人创造的巴厘岛文化。

巴厘岛最迷人的风景便是明媚的阳光。地处赤道附近的巴厘岛炎热而潮湿，热带雨林气候为巴厘岛带来充足的阳光，更带来丰富的雨林植被。这里出产各种香料、木材、棕油、咖啡、稻米以及各种水果。丰富的农作物和水果丰富了巴厘岛人的餐桌，而香料则让他们的生活变得精致。木材是用来制作木雕的原材料，巴厘岛是著名的木雕之乡，这里

巴厘岛海滩风景优美，是避暑的好地方

◎ 巴厘岛海神庙矗立在蓝天白云下，美丽壮观

生活着各种各样的手工艺人，他们擅长用木材制作各种精美的工艺品。游客们来到巴厘岛，会把观赏和选购木雕作为一个旅游项目。如果你想买的话要注意两点，一是木材原料，二是雕工的细致程度，这两点决定了木雕工艺品的价格。

这些丰富的物产为巴厘岛人带来了巨大的财富，但追溯历史却可以发现，这些物产曾经为巴厘岛人带来了难以磨灭的伤痛。早在1588年，荷兰人来到这里，发现了巴厘岛丰富的资源，很快这个消息引起了荷兰殖民者的注意。

1906年，荷兰殖民者率领军队来到巴厘岛，要巴厘岛人臣服于他们。巴厘岛人却誓死也不屈服，他们选择了集体自杀，以此抵抗殖民者的残暴。在巴厘岛的登巴萨市政广场上，有一座纪念碑便是纪念此事的。祖先们的鲜血也没有白流，他们的集体自杀引起了整个欧洲的轰动，在舆论的压力下，殖民者们被迫做出妥协，于是巴厘岛的传统文化得到了保存。

如今，这些得以幸存的传统文化成了吸引游客们来巴厘岛旅游的亮点。走在巴厘岛的街上，随处都能看到雕刻、绘画、纺织等工艺品。这些具有浓郁巴厘岛风情的作品就是一

🌐 巴厘岛风景优美,吸引着大量的游客

张张名片,把巴厘岛的魅力展示给世人。

　　巴厘岛上的寺庙,则是巴厘岛人信奉印度教的见证。巴厘岛的寺庙很多,最著名的便是圣泉庙。这座庙位于巴厘岛的北面,已经有1000多年的历史了。圣泉庙掩映在热带丛林里,建筑气派,规模宏大而又庄严。漫步其中,你会感受到一种肃穆宁静,红尘的一切,都被摒弃在丛林之外了。巴厘岛人会来这里朝圣,因为寺庙里有一处泉眼,在泉水附近还设有两处沐浴之所,据说用这里的圣泉水沐浴,便可以求得健康和财富。

　　如果说圣泉庙是巴厘岛人的圣庙,那么阿贡火山便是巴厘岛人的圣山。阿贡火山是巴厘岛最高的山峰,位于横贯巴厘岛东西的山脉上。历史上,阿贡火山夺去了1600多人的性命。即使是这样,依然不能阻止巴厘岛人对它的崇拜和敬仰。他们在每一座寺庙里都为阿贡火山设立了神龛,以便随时都能祭拜这里的山神。

　　不过对于我们来说,无论是圣庙还是圣山,都充满了神秘的色彩。巴厘岛距离中国并不远,而且已经对中国实行了免签政策。那还等什么?收拾行囊,去巴厘岛来一场梦幻之旅吧。

鼓浪屿

中国的海上花园

众多具有中西风格的建筑群、鼎盛的音乐教育以及适宜的气候,成了鼓浪屿的亮点,吸引着内外游客的目光。

国别:中国 位置:厦门岛西南侧,九龙江入海口	最佳旅游时间:9月至次年4月

厦门,是很多游客向往的地方,而人们来到这里一定要去游览鼓浪屿。鼓浪屿并不在厦门本岛,而是与厦门隔海相望。600米宽的鹭江,将鼓浪屿与厦门市分隔开。不过,隔开的只是水面上的土地,在海水下面,鼓浪屿依然与厦门紧紧地牵连在一起。2017年,鼓浪屿入选《世界遗产名录》。它像一颗明珠镶嵌在厦门边上,将厦门衬托得更加迷人。

○ 风景优美、景色宜人的厦门鼓浪屿

晚霞中的鼓浪屿更加美丽迷人

想要去鼓浪屿，需要乘坐轮渡。厦门的轮渡码头上，每天都有很多趟轮渡来往于厦门市区和鼓浪屿之间。站在轮渡上，看海水划出一波又一波水纹和浪花，鼓浪屿的美丽便在眼前慢慢展开。

鼓浪屿是一个宁静的小岛，在这里，最著名的是别墅建筑群。它们风格各异，或具有西式建筑外形，或具有明朝建筑特色，或具有闽南建筑风格，让人目不暇接，因此鼓浪屿又被称为"万国建筑博物馆"。这些风格不同的建筑里，又有各不相同的故事。

位于鼓浪屿南部的菽庄花园，建于1913年，主人名为林尔嘉。当初选中这里，是因为这里临海，可以观赏到鼓浪屿最美的海景。林尔嘉原名陈石子，是厦门抗英名将陈胜元的嫡亲长孙，5岁时过继给台湾商绅家族林家，从此便在林家长大。他一直关心国家发展，成为民国时期闽台两地富有声望的人物。因心系祖国，于是放弃家业搬到厦门定居，在鼓浪屿选址修建了菽庄花园。菽庄花园的建筑外形风格颇具西洋特色，但内部跳动着的却是一颗爱国之心。

皓月园位于鼓浪屿漳州路上，是一座具有明代特色的建筑。这是人们为了纪念郑成功所修建的一座雕像园。还未走进皓月园，便已经看到矗立在覆鼎岩上的巨型雕像，这座由

鼓浪屿钢琴博物馆就坐落在鼓浪屿的海岸边,是游客必去的景点之一

花岗岩雕塑而成的雕像,便是郑成功。只见他目光炯炯,眺望大海,一副运筹帷幄、成竹在胸的样子。遥想当年,他驱逐荷兰入侵者时,也是这样的神情吧。广场上的大型群雕,生动再现了这段历史。

在皓月园附近的复兴路上,有一座精致的花园型建筑——毓园。毓园的主人是林巧稚大夫。林巧稚出生于教师家庭,却做了一名医生,一生中亲手接生了5万多个婴儿,因此她又被称为"万婴之母"。为了纪念她,人们在鼓浪屿修建了这座园林。走进园林,可以看到林巧稚大夫的雕像以及她生前工作和生活的照片,通过这些,人们能更详细地了解她高洁的品格。

在鼓浪屿,类似于这样的建筑还有很多。想要去感受每一个故事,就要住下来,慢慢地参观。当然,鼓浪屿不只有建筑文化,还有自然美景。在众多的自然景观中,日光岩是游客们必定要去的地方。那是由两块巨石相依在一起形成的景点,也是鼓浪屿的最高点。站在日光岩上,整个鼓浪屿的风光尽收眼底。

建筑群、海浪、沙滩、帆船、日光岩,这就是美丽的鼓浪屿,是让人来了就舍不得走的地方。

058

济州岛
体验"韩国的夏威夷"

美丽的瀛洲十景和独特的古耽罗王国民俗文化,让济州岛获得"韩国的夏威夷"的美誉。在汉拿山上,眺望济州岛的全貌;在西归浦边,观赏海洋的辽阔。

国别:韩国	最佳旅游时间:3月至10月
位置:东海,全罗南道西南100千米处	

韩国在中国的东侧,由于相隔很近,韩国成了中国游客首选的旅游地之一。去韩国旅游,人们首先会选择济州岛。这是韩国的第一大岛,面积约2000平方千米。这里属于海洋性季风气候,气温最高33摄氏度、最低-1摄氏度,年均气温为16摄氏度,这样的气候让人仿佛置身于度假胜地夏威夷一般舒适,所以人们又称之为"韩国的夏威夷"。在这片辽阔的土地上,有很多让人流连忘返的美景:汉拿山、龙头岩、正房瀑布、柱状节理带等,每一处美景都让人沉醉。

海拔1950米的汉拿山,是韩国三大名山之一,更是韩国最高的山。汉拿山吸引着每一个来济州岛旅游的人,它之所以出名,不只是因为它高,还因为它是一座休眠火山。济州岛本身就是火山活动形成的岛屿,不过那已经是120万年前的事情。但在2.5万年前,济州岛又发生了一次火山爆发,这次爆发的火山灰堆积,形成了汉拿山。

汉拿山位于济州岛的中心位置,站在山脚向上看,汉拿山巍峨雄伟,仿佛一个守护神,默默地守护着这方土地。攀登到汉拿山的山顶,就能看到水质清澈的白鹿潭。这是一个火山口喷发完岩浆后形成的凹地,雨水和山泉汇集于此成为白鹿潭,济州岛的当地人都把它视为济州岛的生命之源。在白鹿潭的周围,树林茂盛、野鹿成群、野花烂漫,让人

济州岛风景优美,海岸边的悬崖峭壁着实让人捏把汗

○ 黄昏下的济州岛更加迷人

感觉仿佛到了世外桃源一般。

除了汉拿山，济州岛还有很多美丽的景点，柱状节理带是最有特色的一个景点，它位于济州岛的西归浦市。从海边的小村庄大浦洞向西南方向出发，走600多米后，眼前便出现一个悬崖，悬崖下方是波浪滔天的大海，一阵阵波浪涌上来拍击海岸。海岸上是大大小小的石柱，它们层层堆积，任惊涛拍打依然屹立不动。它们或是四角形，或是六角形，虽然形状不同，但却轮廓分明，宛如石匠精雕细琢的一般。然而这并不是人类的杰作，是当初汉拿山火山迸发时流出来的熔岩流进海水时冷却形成的。是大自然的鬼斧神工造就了神奇的柱状节理带。

济州岛不仅有美丽的自然风光，还有丰富的人文底蕴。在当地流传着一个神话：很久以前，有三位从东海碧浪国而来的公主，在这里遇到了三个神仙。他们结了婚，并生儿育女，人口越来越多，最终建立起村庄。在济州岛，有一个名为三姓穴的景点，便讲述了这个故事。当然，济州岛上的原住民并不是神仙的后裔。岛上有遗址可以证明，他们的祖先是石器时代的人，那些石器、青铜器、土器等，都在向人们诉说济州岛的历史渊源。

济州岛又被称为"三多岛"，"三多"分别指女人多、石头多、风多。这"三多"都和济州岛的地理位置有关。由于四面环海，所以济州岛的人们都是靠打鱼为生。男人们经常出海，只剩女人们在家里，所以女人多。也是因为四面环海，所以济州岛很容易刮风，风不但为济州岛带来惊涛骇浪，还会将出海的男人们带走，所以风很受当地人排斥。石头多，是因为汉拿山和济州岛本身就是由火山喷发形成的，所以有很多石头。天长日久，这些石头就牢固地封住了这个岛。

塞舌尔
最奢侈的度假胜地之一

塞舌尔因为拥有醉人的自然风光而被开辟为自然保护区，品种繁多的鸟类和海洋生物让塞舌尔成为世界上最美的群岛之一。

 国别：塞舌尔共和国　最佳旅游时间：10月至次年3月
位置：印度洋西侧

坐落在东部非洲印度洋上的塞舌尔，是一个由115个大小岛屿组成的岛国，享有"旅游者天堂"的美誉。这里有秀丽的风光，湛蓝的天空和海水，还有一半以上的自然保护区，这些元素组合在一起，让塞舌尔群岛获得一个美丽的别称——"燕岛"。这里是举世闻名的观鸟园和植物园，1993年在世界十大旅游景点评选中名列第三。

塞舌尔海天一色，风景宜人

俯瞰塞舌尔，海岸边的红顶房屋与蔚蓝的海水相得益彰，奇美无比

在塞舌尔住上几晚，是每个来塞舌尔游玩的游客最期盼的。岛上没有高大建筑遮挡视野，日出日落的场面既美艳又震撼人心。无论是晨起还是晚归，你都能听到百鸟啁啾，看到它们拍翅飞旋。而海浪也一如既往地陪伴着你浅唱低吟，这里的声音是你在城市里无法听到的，这里的美景是你在其他地方难以看到的。

塞舌尔是多民族国家，如今在维多利亚市中心独立大厦前可以看到一座雕塑，雕塑主体是3只海鸥，它们展翅高飞，寓意着塞舌尔人民由欧、亚、非三大洲会集而来。正因为这样的种族因素，在小巧玲珑的塞舌尔国，不同肤色、不同宗教信仰的人一直和睦相处，共同建设自己的家园。他们与世无争，却生活得非常幸福。人们甚至能在大街小巷看到塞舌尔总统的身影，总统的着装与普通民众一样随意，让人倍感亲切。

塞舌尔有唯美广阔的沙滩。这里的沙滩是全部对外开放、不设任何条件限制的。塞舌尔法律健全，对环境保护尤为严苛，因此在这个岛国，树木花草随处可见。这里每一棵植物都会受到法律的保护，若要砍伐都必须经过环保部审批。有个说法是：当地人不喜欢游客在他们的沙滩上捡贝壳，遇到捡贝壳的游客，他们会劝阻，因为他们认为贝壳—浮游生物—虾米—小鱼—大鱼已形成一条生物链。听到这样的话，实在让人忍俊不禁，却也为他们的环保意识之高而赞叹。

在塞舌尔，最大的陆地动物是大旱龟，最大的果实是海椰子果实。人们不喜欢旱龟，因为它啃食各种没有刺的树苗和植物。人们喜欢海椰子，因为海椰子的果实美味香甜，夏季的时候，塞舌尔人会趁果肉还是胶状时食用，因为其生长一旦超过9个月，果肉就会逐渐变硬，无法食用了。

在塞舌尔，海上冲浪、沙滩日光浴非常有趣。一块小小的冲浪板，就可以冲出人生无限浪漫。除此之外，在这里还可以体验摩托艇、帆船、滑翔伞等项目，非常刺激。

毛里求斯
人间的伊甸园

> 毛里求斯以秀丽的风景闻名于世，而蓝湾则以海洋生物的多样性成为唯一的世界性海洋生物保护区。

国别：毛里求斯共和国
位置：印度洋西南方，与非洲大陆相距2200千米
最佳旅游时间：6月至11月

人们常说，感受印尼风情要去巴厘岛；感受绝美风景要去邦咯岛；想要感受浪漫，就要去毛里求斯。陈小春和应采儿的婚礼将一座红顶教堂和一份浓得化不开的浪漫展示给了世人，而这座红顶教堂便在毛里求斯岛上。在这座岛上游玩，会感受到无尽的浪漫和无数的惊喜。

我国有航班直飞毛里求斯，所以去那里非常方便。到了毛里求斯，一下飞机，你就会被这里慢节奏的生活所感染，惊喜不已。这里有阳光沙滩、蓝天大海，任你尽情地享受。你可以坐在沙滩上看潮涨潮落，也可以等待朝霞满天和夕阳西坠。你还可以去路易港悠闲地逛街，即使不买东西，只是看着那些闲逛的人们，你都会觉得生活的节奏原来可以这么慢。

慢节奏生活只是毛里求斯众多惊喜中的一个。这里还有很多景点，每一个景点都有自己独特的风情，让走近它的人沉醉其中。这里有南半球最古老的植物园——庞普勒斯植物园，园里有各种各样的热带植物，这些植物在其他地方是没有的，非常稀奇。到毛里求斯的人都会到这个植物园里逛一逛。

在毛里求斯东南面紧邻机场的地方，有

海岛美丽迷人的落日奇观

洁白的沙滩，碧蓝的天空，惹得游人醉

一片海洋生物保护区，名叫蓝湾。蓝湾是毛里求斯唯一一个世界性海洋生物保护区，由此可见这里的海洋生物种类有多么丰富。蓝湾的水质特别清澈，沙质也很细腻，即使只是在水面上，也能清晰地看到水里那些漂亮的活珊瑚，还有各种鱼类在珊瑚丛中游来游去。如果想要更进一步与它们亲密接触，你可以潜到海底与它们一起遨游。

蓝湾有一片深度仅为2~4米的浅水区，非常适合潜水。不会潜水的游客可以乘坐当地一种玻璃底的船去往海里。这种船的船舱底部是透明的玻璃，让游客能够以最佳的方式欣赏海底的美景。五彩斑斓的珊瑚、灵活漂亮的鱼群，它们仿佛触手可及，简直美极了。

除了蓝湾，毛里求斯还有很多美景。毛里求斯的北面有红顶教堂，这是毛里求斯的一张名片，其照片被印在明信片上，流传到世界各地，毛里求斯也因为它而成了浪漫的代名词。在毛里求斯的西面，有卡塞拉自然公园，因为动物种类多，所以又被称为"微缩版的肯尼亚"。游客们在这里可以与非洲野生动物亲密接触。如果这还不算惊喜的话，那么公园里安排的人狮同行节目，则会让你惊喜和刺激到尖叫。能和狮子同行，这是任何人都不敢想象的，但在卡塞拉自然公园里，这个不敢想象的念头却能成为现实，你说够不够惊喜、刺激！

毛里求斯的东海岸也有惊喜，这便是鹿岛。站在鹿岛眺望大海，只见远处水面宽阔平静；不远处有黑色的礁石将海水和沙滩分隔开；近处沙滩细腻洁白，沙滩上，椰子树长得繁密茂盛。而让游客惊喜的可不止这些，在鹿岛有一片浅滩非常著名，它有几百米长，即使不会游泳的人，也可以在这片浅滩上嬉戏玩耍。站在浅滩上，看阳光洒在水面，波光粼粼如珍珠一般，非常漂亮。

毛里求斯的美景太多了，这些惊喜只是其中的一小部分，其他则需要游客去慢慢探索。

061

夏威夷群岛
体验异域风情

阳光、沙滩、比基尼,这里是男人与女人的梦想之地。美丽的沙滩,独特的风俗习惯,美味可口的食物,还有喷涌的火山,寂静的海湾……夏威夷的一切,在动静结合中诠释大自然的魅力和东西方文化的交融,展现不一样的美国风情。

 国别:美国　　　最佳旅游时间:全年
位置:太平洋中部

美国夏威夷群岛有着得天独厚的自然风光,是世界著名的旅游胜地。那儿有树木茂盛的山谷、隐秘的瀑布、温柔的海滩,还有徒步、潜水等丰富多彩的户外活动。

夏威夷群岛由8个火山岛组成,分别是夏威夷大岛、考爱岛、拉纳岛、卡霍奥拉韦岛、莫洛凯岛、毛伊岛、瓦胡岛和尼豪岛。游客去美国夏威夷群岛,可以先乘飞机抵达夏威夷州的首府——瓦胡岛的火奴鲁鲁,然后从火奴鲁鲁坐抵达各个旅游景点的飞机或者轮船。

威基基海滩位于美国夏威夷群岛,它从钻石山脚一直蔓延到阿拉威游艇码头,长达

夏威夷沙滩风景优美,吸引着大量游客

◯ 夏威夷称得上是造物主的伟大杰作　　◯ 黄昏时的夏威夷更加绚丽多彩

1600米，是世界最著名的海滩之一。洁白的沙滩旁，矗立着摇曳多姿的椰子林和整齐的高楼大厦，这种沙滩风情与现代建筑物的互相交融，就是当地的特色。你可以去位于喜来登阿那冲浪者饭店和威基基饭店之间的沙滩区，那里有各种娱乐项目，可以划船、冲浪，或者在夕阳下欣赏壮丽的海边落日美景。傍晚的时候，在沙滩上可以观赏原住民表演的草裙舞，在曼妙的舞蹈中可以领略夏威夷的原住民文化。

你可以游览夏威夷第二大旅游胜地，距离威基基海滩8000米的珍珠港。珍珠港有一个著名的亚利桑那纪念馆，它由洁白的石膏板建成，外观修长优美。整个纪念馆分为三部分，第一部分是入口集合处，第二部分是供瞭望和典礼用的中央会堂，第三部分是祠堂。在亚利桑那纪念馆中，第二次世界大战时被日本偷袭沉没的美国军舰——"亚利桑那"号战列舰就躺在海底，只露出一部分供游客观赏。你可以走进纪念馆，浏览馆里的历史资料，观赏电影视频和沉没水底的"亚利桑那"号。

你还可以去夏威夷的传奇农场——帕克农场旅游，体验美国牛仔的生活。帕克农场位于夏威夷的最高峰——莫纳克亚山上。帕克农场人烟稀少，是广阔的私人牧场，洋溢着令人心旷神怡的田园气息。三三两两的马散落在一望无垠的碧草之中。海风吹过青葱繁茂的牧场，草原上浮起一波又一波的"浪"，一直连绵到远方，构成一幅美不胜收的田园风光图。

当游客骑着马，在这座有160年历史的农场上游览的时候，感受到的是油油绿绿的青草、淡淡的雾霭漫无边际铺散开的美景，忘了自己处在海岛之中。帕克农场在从原住民的波利尼西亚文化向欧美文化转型的过程中逐渐发展和壮大起来。这里有漂亮的农场，保存着世界上很多地方都已消失了的牛仔文化。你可以在这儿租一套牛仔服，戴着牛仔帽，骑上马儿在草场上驰骋，体验美国西部牛仔的快意。玩累的时候，可以在草场的竞技台上观赏当地牛仔竞赛，体验牛仔文化。

夏威夷群岛清澈的海水、独特的文化氛围和历史文化，使它成为假日海岛游的绝佳场所。

斐济
南太平洋的"十字路口"

几代移民的入住，构成斐济多元化的文化构架，并吸引了四面八方的游客。

国别：斐济共和国
位置：南太平洋中心，横跨东西两半球
最佳旅游时间：5月至10月

斐济湛蓝的海水下生长着鲜艳美丽的珊瑚

作为一个岛国，斐济既是一个国家，也是一个旅游胜地。它坐落在南太平洋中心，像一个可爱的孩子，温柔的太平洋像母亲一样将它拥在怀里，任时光飞逝，这对"母子"始终紧紧地拥抱在一起。如果说，其他海岛都充满了探险的元素，那么斐济岛则会让你调换一种胃口。在这里，你体验到的是悠闲，是精致。

去斐济可以乘飞机或是乘船，无论采用哪一种方式，你会首先看到海，斐济的海水是五彩的。斐济群岛周围的海域长满了珊瑚，生态环境非常好。珊瑚群也吸引了各种各样的海鱼，它们色彩斑斓，在珊瑚群里游来游去，将海水也映衬得五颜六色起来。

如果你是乘船而来，就能和它们亲密接触。不过你要是搭乘飞机的话，也不要因错失亲近五彩海水的机会而沮丧。斐济是一个多岛屿的国家，共有300多个岛屿，其中有人居住的岛屿有106个，这106个岛屿之间靠船只连接。这些岛屿都

斐济岛有椰树、白沙、海水，这一切构成了一幅五彩的风景画

很精致，会让你忍不住奔向它们。而这时，你便可以和五彩海水亲密接触了。

斐济虽然坐落在太平洋深处，却横跨东、西两个半球，所以它又是南太平洋的一个"十字路口"。作为"十字路口"，有许多国家的人来到这里，发现它的魅力后就舍不得走，于是斐济融合了多元的文化。这一点在餐桌上便能看出，斐济人的餐桌上有米饭、面食、海产品、猪肉、蔬菜等；还有东南亚的可可和咖啡、中国的烤鸭、西方的炸鸡排等。

多元文化还体现在语言里。走在斐济的街头，能听到英语、印地语、斐济语、泰米尔语、罗图马语、中国的汉语。不过前三种语言是斐济宪法明确规定的官方语言，在公共场合大多使用这三种语言。

到了斐济，一定要去博物馆。斐济博物馆位于维提岛上，岛上有宛如桃源仙境的布马瀑布，它位于布马森林公园里。沿着森林登山道拾级而上，就能看到这个瀑布。当年，好莱坞大片《蓝色珊瑚礁》就曾来此取景，影片一播出，布马瀑布的纯朴洁净就受到观众的喜爱。

在斐济博物馆里，还有一座名叫瑟斯顿的花园。这是当地一名酋长于1820年修建的，这位酋长当时称霸一方，后来被另一个部落打败，他的族人也因此受到牵连。现如今，血雨腥风的过往早已湮没在历史的尘埃里，只有博物馆里那些传统工艺品和战利品在向游客诉说着那段历史。

而今，斐济早已恢复了宁静，人们过着悠闲逍遥的生活。这样的逍遥也感染了来这里旅游的游客，在这里住下来，他们也会忘了生活的纷扰和工作的紧迫，安下心来享受悠闲的时光。

大堡礁
在热带雨林里寻找珊瑚

2011千米的海岸线和2900多座珊瑚礁岛，让大堡礁成为世界上最长的珊瑚礁群。

国别：澳大利亚
位置：昆士兰州东岸
最佳旅游时间：5月至10月

大堡礁是世界上最大的礁石群，它位于澳大利亚的东北方，长2000多千米。从空中俯视，一座座的岛屿，犹如一颗颗宝石洒落在海面上。若是潜到水下就能发现，这些岛屿其实是海底山脉的顶峰，它们就是一座座大山，只是大部分身躯藏在海底，所以人们看不到它们的巍峨和雄壮。

在这些礁石中有几个非常著名，如绿岛、海伦岛、蜥蜴岛、磁石岛、圣灵群岛等。为了开发旅游产业，政府在这些岛屿上修建了度假村，开辟了旅游区，以供游客们享受舒心

潜水观赏五颜六色的珊瑚群是游客最大的乐趣

的假期。

　　大堡礁是世界上最大的珊瑚礁群岛，也是海洋野生动物最多的群岛之一。这里有4000多种软体动物、1500多种热带鱼类、400多种海绵动物，还有100多种鸟类。如此丰富的物种，将大堡礁变成了一个生态多样的乐园。

　　这些岛屿不乏原住民的遗迹，比如蜥蜴岛上的岩画，就是这些原住民留下的珍贵遗产。

　　大堡礁分为两部分，一个是内堡礁，一个是外堡礁。由于大堡礁生态环境需要保护，所以外堡礁禁止船只进去，人们只能在内堡礁眺望外堡礁。不要因此感到遗憾，要知道，内堡礁也足够游客畅玩呢。无论是兼顾礁石群和森林景观的凯恩斯市，还是拥有美丽海底景观的圣灵群岛，都有让游客舍不得离去的魔力。

　　凯恩斯与大洋洲大陆相连，有公路相通，所以交通非常方便。在凯恩斯市里游玩，可以去人烟稀少的道格拉斯港，那里有雨林自然保护区，保存完好，非常值得逛一逛；也可以去各种跳蚤市场，寻找独属于凯恩斯的美味小吃。这里风景优美，吸引了很多游客。

　　凯恩斯附近的绿岛是很多游客必去的地方，那里有热带雨林、沙滩步道，还有珊瑚，这也是大堡礁上唯一一座热带雨林和珊瑚并存的海岛。游客来到绿岛最喜欢的是浮潜，因为这里水非常清澈，所以浮潜时能够清楚地看到水底那些活着的珊瑚。

　　因为大堡礁在生态方面具有非常独特的魅力，所以被列为世界七大自然奇观之一。

　　这里水下风景非常优美迷人，每年都吸引众多的新人前来，他们在水下举办别样的婚礼，为自己的人生留下一段美丽的回忆。

海底的珊瑚千姿百态，绚丽多彩，蔚为壮观

远处的灯塔，近处的小桥、水草、游客，与蔚蓝的海水构成一幅美丽的风景画

爱琴海

变幻莫测的多岛海

爱琴海是黑海沿岸国家通往地中海以及大西洋、印度洋的必经水域，所以奠定了其在航运上的重要地位

国别：希腊
位置：希腊半岛东部
最佳旅游时间：4月至10月

位于希腊半岛和小亚细亚半岛之间的爱琴海，是世界著名的旅游胜地。它不仅是欧洲文明的摇篮，更是浪漫旅程的象征。因为岛屿众多，所以爱琴海又有"多岛海"之称。这里有阿尔忒弥斯神庙遗迹、克里特岛米诺斯王宫等古建筑，还有美丽的海岸线和众多的港湾。

到了爱琴海，首先要看的是阿尔忒弥斯神庙。这是一座长方形白色大理石建筑，占地面积6300多平方米。庙宇的回廊有137根圆柱，全部用大理石雕成，每根圆柱高约20米，底部直径1.59米，柱石千姿百态，整个建筑看上去俨然是一个廊柱之林，给人一种庄严、恬静、和谐的感觉。柱顶盘由一个带有3个盘座面的框缘组成，盘座面上装饰着一排花边似的齿饰，在框缘上面刻有四轮战车的浮雕，细致精巧，精美异常。大理石圆柱的柱身下部均有形态各异的人物浮雕，造型优美、形态逼真、栩栩如生。

在漫长的历史岁月中，阿尔忒弥斯神庙屡遭洗劫，变得满目疮痍。如今从残存的建筑物地基和石柱遗迹中，依然可以窥见其当年的雄姿。多少年过去了，阿尔忒弥斯神庙见证了无数前来朝觐的人们，这些虔诚的香客，将满腹的希望寄托于这座神殿。

除了膜拜神殿，最美妙的事情便是逛游海岛。克里特岛是海中最大的一座岛

落日下的阿尔忒弥斯神庙奇美壮观

○ 黄昏下的爱琴海更加妩媚动人

屿，东西狭长，是爱琴海南部的屏障。克里特岛是唯一有大面积肥沃耕地的岛屿。克诺索斯是克里特岛上的一座米诺斯文明遗迹，被认为是传说中米诺斯王的王宫。《荷马史诗》中说克里特岛有90座城市，米诺斯原址是最重要的一个。它是整个文明的政治和文化中心，是米诺斯时代最为宏伟壮观的建筑。在这里随处都能看到古老的克里特文明遗迹。

米克诺斯岛是爱琴海上享有盛名的度假岛屿之一。每年4月以后，旅游季就开始了。来自世界各地的游客就像候鸟一样，络绎不绝地"飞"到岛上，享受地中海的阳光和海滩。这时，原本安静的小岛瞬间沸腾、喧嚣起来。

伊兹拉岛被称为"艺术家之城"。岛上有不少豪宅大院，都是些富商的家产，也是岛上的风景之一。白的墙、蓝的窗、粉红的屋顶，衬得小岛越发可爱。干干净净的小巷里，毛驴载着游人悠闲地晃来晃去。小院里种植着一丛丛红花、紫花、黄花，柠檬树上坠满了明黄的柠檬果，压得树枝都弯下了腰。这里海水的透明度极高，僻静的河口是那些喜欢独处的游人游泳的好地方。

波罗斯岛是座风光秀美的岛上山城。岛上的建筑以白色为主，样式古朴，在白墙中不时探出烂漫的花丛，云涛海浪中，一条石板铺就的小道蜿蜒而上。山城上被柠檬树和橄榄树装点得郁郁葱葱，浓郁的绿色中透着明亮的白色屋檐。

行走在爱琴海的小岛上，你可以随手采摘一些小野果，犒劳一下舌尖味蕾。因为这里生态环境好，所以野果都是饱满多汁，无污染且非常美味的。

塞班岛

太平洋的壮丽海景

国别：美国	最佳旅游时间：全年
位置：西太平洋北马里亚纳群岛联邦	

清澈的海水，曼妙动人的密克罗尼西亚女郎向你投来一个迷人的微笑。背倚热带植被覆盖的山脉，置身在碧海蓝天下，在沙滩上吃顿烧烤，如同置身在天堂。心动了吗？心动不如行动，来吧，塞班岛在等你。

塞班岛位于美国北马里亚纳群岛联邦的首府，处在菲律宾海和太平洋之间。岛屿的西南面向菲律宾海，东北靠着太平洋。由于地处赤道，塞班岛四季如夏，有着葱郁的山脉、茂密的椰林和迷人的蓝绿色菲律宾海。秀美的风景使塞班岛享有"身在塞班犹如置身于天

风景优美的塞班岛

● 美丽的塞班岛风光

堂"之赞誉。在塞班岛，可以观赏到迷人的蓝绿色菲律宾海，领略独特的赤道热带文化。

　　游客可以乘飞机直达美国塞班岛。一到塞班岛，便会被岛上晶莹剔透的海水、永不停歇的海上运动、令人兴奋的沙滩烧烤、妩媚动人的密克罗尼西亚女郎的土风舞所吸引。在世人看来，塞班岛就如同一个风情万种的女郎，吸引游客远渡重洋目睹她迷人的风采。

　　塞班岛上著名的旅游景点是军舰岛、鸟岛、万岁崖。军舰岛因保留着太平洋战争时期日军的战机残舰而得名。可以坐船到军舰岛参观。全岛周长仅有1500米，只需要二三十分钟就可以步行绕岛屿一周。在岛屿的四周，是如雪一样洁白的沙滩，这是珊瑚被冲刷磨细之后形成的沙滩。岛上长满了郁郁葱葱的热带植物，恍如一个与世隔绝的桃花源。附近海域都是美丽的珊瑚礁，海水清澈，如透明的蓝玻璃。透过海水，可以清晰地观赏五彩斑斓的珊瑚礁，以及在礁石间游梭的色彩斑斓的热带鱼。灿烂的阳光折射在海面上，变幻着彩虹般的光芒，绚烂浪漫，令人流连忘返。

　　位于塞班岛北部的鸟岛因栖息着种类繁多的鸟类而出名。鸟岛不大，但给予了鸟类宽裕的生存空间，岛上栖息的鸟类达到上百种。海水涨潮的时候，鸟岛就变为一座被海水包围的孤岛。海水退潮的时候，陆地就与鸟岛相连，游客可以登岛赏鸟。从海岸望去，灿烂的阳光使整座鸟岛熠熠闪光，如同一块翡翠，是每一个游客的必游之地。游客登上鸟岛，可以近距离观赏海鸟们的千姿百态。岛上还有可供赏鸟的望远镜，游客花0.5美元就可以使用2分钟。透过望远镜，可以观赏小鸟们在绿树林荫中或者在碧海蓝天下的倩影。

　　万岁崖是塞班岛的一处历史遗迹。1944年，美军飞机攻打位于塞班岛的日军基地，日军为了逃避当俘虏的命运，逼迫老幼妇孺一起到万岁崖边，在此高呼"万岁"，然后跳崖身亡。因为这一历史事件，这处悬崖就被叫作"万岁崖"。后来，日本为了纪念自杀的国人，以及向世人警示战争的可怕，在万岁崖上建立了观音像、慰灵塔和和平纪念碑。

　　塞班岛还有许多第二次世界大战太平洋战争的历史遗址和遗留物，非常值得一看。

海南岛
行至天涯海角，爱到天荒地老

温暖的气候和优美的风景，让海南岛成为名扬天下的旅游胜地

国别：中国	最佳旅游时间：10月至次年4月
位置：中国最南端	

海南岛是中国最南端的一个岛屿，陆地面积3.54万平方千米，是中国仅次于台湾岛的第二大岛。海南岛的美是迷人的，三亚的沙滩和海景甚至丝毫不输巴厘岛、普吉岛等国外海景旅游胜地。

海南岛有迷人的红树林。从铺前港到东寨港，有长10多千米的海滩，海滩上生长着一片红树林，它们长势茂盛，宛如修筑在海岸上的一座绿色长城。这座"长城"经常被海水淹没：潮水涨起来，它们便被淹没在海水里，只留下一片树冠在水中摇荡，这时人们称它们为"海底森林"；潮水退去，红树林便露出高大的树干，在泥泞中盘根错节，充满力量，这时人们称这片树林为"海上森林"。

在海南岛，椰树是岛上最常见的树种，但是海南岛的椰树很奇特，南部和北部有所差异。北部的椰树树干较粗而矮，而南部的椰树则细而高。除了存在南北差异外，东西两端的差异也很明

 椰树成荫、沙滩、海水、游人……这一切构成了一幅美丽的风景画

天涯海角海滩上的南天一柱

显。东海岸的椰树生长得比西海岸的要茁壮、茂盛。从文昌市到三亚市数百千米的海岸带上，椰林郁郁苍苍一眼望不到尽头，十分壮观。很多游客都喜欢游览东郊椰林，在这里可以尽情领略热带海洋、椰林海滩的迷人风光。

在海南岛上喝一杯新鲜、纯天然的椰子汁，也是很多游客向往的。当年苏东坡被贬海南岛时，除了爱喝当地人酿制的山兰酒，还喜爱饮椰子汁。他为此还专门作诗，并在诗中赞叹"美酒生林不待仪"，意思是说在海南岛，根本不需要酿酒始祖仪狄来酿造美酒，椰林中自然就生产着天然的好酒。新鲜的椰子汁，不仅是一种清凉解渴的上好饮料，也是绝佳的保健品，因而海南当地人大多非常健康长寿。

海南岛有几处非常迷人的沙滩，都在三亚。三亚湾、大东海、亚龙湾，这些沙滩的沙子很细腻，而且洁白柔软，踩在上面给脚底以细腻的感受。而且这些沙滩都有一个共同的特点：海水清澈明净。当地有一种说法：三亚湾是大众沙滩，亚龙湾是贵族沙滩，而大东海则介于两者之间，既供游客免费游玩，也有需要花钱买门票才能进去的地方。

亚龙湾常夏无冬，因此，一年四季都适合游泳。即使在祖国北方尚是千里冰封、万里雪飘的季节，在亚龙湾海滩依然可以身着泳装，尽情享受着沙滩、海水与阳光，品尝椰子、西瓜和冰激凌。亚龙湾非常具有开放性、包容性，欢迎来自世界各地的游客投入它的怀抱。

第七章

悠久历史的斑驳遗痕

雅典卫城
精神的守望者

当世界还沉睡在蒙昧的黑暗中,文明的曙光已在爱琴海缓缓升起,尽管现在的卫城已经是断壁残垣,历经沧桑,但它依然给予每一个参观者精神慰藉

国别:希腊	最佳旅游时间:4月至6月、9月至11月
位置:雅典市中心西南	

雅典卫城,是希腊的一颗宝石,是雅典的象征。雅典卫城是一曲古老的赞歌,是一段灿烂的历史,在与婀娜多姿的爱琴海的交相辉映中缓缓延续。它是一块集中了许多建筑、绘画和雕塑的宝地,可能世界上再也不会出现像雅典卫城一样的地方了。

站在像智者一样的阿克罗波利斯山顶上,可以看到远处的奇迹——美丽的雅典卫城。在希波战争中,雅典卫城曾遭到破坏。战争结束后,雅典人用了40年的时间来修补它的伤痕,最终使雅典卫城变成了古希腊文明的缩影,世界建筑史上的奇迹。

欣赏雅典卫城最好的时间莫过于早晨。雅典的第一缕阳光慢慢地从卫城中穿过,然后照耀整个城市。沐浴在晨光中的雅典卫城庄严而祥和,古希腊留传下来的一砖一瓦都散发着神秘的魅力。走在这里要放轻脚步,以免惊扰了它们的美梦。用白色石灰石建造的帕提侬神庙是雅典卫城中规模最大的神庙,伴着蓝天与红日的交相辉映,它向世人展示着绝代的风华。

来雅典卫城参观游玩的人络绎不绝,此时的海浪虽已不那么澎湃,但依然壮美

○ 优美的女像列柱结构完美,文艺气息浓厚

俯瞰雅典卫城全景，恢宏大气，摄人心魄

鲜活。山门是雅典卫城的真正入口，但它只剩零星的几根柱子。即使是这样，我们依旧能感受到它磅礴的气势。然而，眼前的种种残损破旧丝毫不带凄凉之意，反倒让人无端生出些许眷恋。那一根根屹立了千年的石柱，摸上去粗糙坚硬，叩之却铿然有声，这是它的灵魂在跳舞。坐在神殿的石柱下，日光从旖旎的云朵中照射下来，微风吹过廊柱，一切美得让人不由得闭上眼睛，用心去品味此时此刻。整个雅典卫城最吸引人也最令人震撼的，正是这一份历经苦难战乱洗礼却留存下来的平静。

漫步于残垣断壁之间，仿佛依稀可以听到柏拉图的雄辩、荷马的吟唱……当看到夕阳从雅典卫城的背后落入爱琴海时，不禁再次感叹雅典卫城的美丽。在这些残破之间似乎充满了对生活的信念，让我们意识到雅典卫城是一个不折不扣的精神守望者。

雅典带给人的惊喜超越了所有的神秘，而雅典卫城，是希腊的眼睛，是希腊精神的守护者，是尘世间每一个旅行者精神与理想的栖息地。

庞贝古城

凝固的凄美

你依然看得到他们的样子,那消失之前最后一秒钟的样子,居民、水壶、面包、城墙……

国别:意大利
位置:意大利南部
最佳旅游时间:3月至5月、9月至11月

庞贝,又译"庞培",在79年8月24日,这座辉煌一时的古罗马城市一瞬间被突然喷发的维苏威火山灰深埋地下。直至1748年,一个农民在自己的葡萄园中翻土时无意间发现了装满金银首饰和古钱币的金属柜子,由此,这座商贾云集、物欲横流、极尽奢华的古罗马帝国第二大城市庞贝古城又渐渐呈现在世人眼前。庞贝古城保留有大量古罗马帝国时

由于被火山灰掩埋,古城内街道房屋保存比较完整

屋舍遗址，不觉让人心潮起伏，浮想联翩

圆形大剧场，最多能容纳庞贝全城居民

期的建筑遗迹和艺术文物，被称为世界上最著名的古城遗址。

维苏威火山周围遍布葡萄园，以盛产美酒闻名于世。而且火山还是植物的海洋，山脚长满栎树和栗树，山腰则遍布繁茂的金雀花，每年花季来临，整座维苏威火山便像是铺上一条鲜花地毯。随着高原起伏不平的地势，鲜花地毯也起起伏伏，十分美丽。火山爆发之前，人们认定这里是天堂，纷纷来此定居生活。因为他们的到来，庞贝的经济也繁荣起来。在庞贝城里，最宽阔的马路是用石板铺成的丰裕街，石板因为马车轱辘的碾轧，磨出一道道深深的车辙印，这是庞贝古城繁华的最直接证据。沿着这条马路走到广场，可以看到栩栩如生的名人雕像，四周的建筑非常雄伟，这所有的一切都在昭告世人，当时的古罗马是多么强大和繁盛。

除此之外，考古学家曾在一个富户人家中的墙壁上发现一幅价值连城的镶嵌画，这幅画由200块彩色玻璃和大理石片构成，这就是《亚历山大大帝与波斯大流士三世战斗图》，图画形象地展现了战斗中亚历山大大帝的英勇和沉着。庞贝出土的另一幅壁画中还写着"没有任何东西可以永恒"的字样，联想到瞬间掩埋地下的辉煌古城，让人不由得思绪万千。古庞贝人对艺术的审美与智慧是非常值得我们敬仰的。除了精美的壁画，庞贝的遗址上还有能容纳近两万人的竞技场，并有酒吧、面包店、大剧院、步行街、城堡、水池……被侵蚀了几千年之久的城墙到现在仍能显示其耀眼夺目的鲜红色，这让考古学家们不停地寻找答案。被陈列出来的死难者遗体，依旧保持着千年之前死亡降临时最后的样子——有的弯身掩护着自己的婴儿，有的甚至还在睡梦中。就像童话故事中被施了魔法的城堡，一切都静止在了那一刻。灾难降临得那样突然，这让我们不得不想到壁画中的那句"没有任何东西可以永恒"，似乎一切都早有预言。

穿行于被火山灰封存近2000年之久的庞贝，似乎除了向人们展示着令人神往的古城雄姿，那震慑我们的神奇力量只能由我们自己去领悟和体会了。

吉萨金字塔群
古埃及的名片

国别：埃及 最佳旅游时间：10月至次年4月
位置：开罗市西

埃及吉萨金字塔群是世界七大奇迹之一，它们耸立在尼罗河两岸的沙漠之上，距古埃及的首都孟菲斯不远。这些金字塔是古埃及时期取得的最高的建筑成就，它们如此高大，使人们很容易相信它们是神或巨人所建造的。更令人感到神秘的是，据说最早发现这些金字塔的考古学家和游客相继死于非命，于是，人们开始传言，这些惊动了法老的人都中了法老的诅咒。

这里三座最大、保存最完好的金字塔属于第四王朝的三位法老——胡夫、哈夫拉和门卡拉。这三座金字塔位于尼罗河西岸，大沙漠东缘。古埃及人相信将墓葬建在西岸，王者可以由西边死亡，再由东边复活，循环往复。金字塔群全部背靠无垠的金色沙漠，与自然背景结合成一幅宏伟豪迈的图画。

金字塔下还有一座浅色建筑——太阳船博物馆，博物馆是建于当年发现太阳船的原址之上的，博物馆内展览的是从胡夫墓中发掘出的

金字塔是世界上最伟大的建筑物之一

著名的狮身人面像

木质太阳船。出土的太阳船，距今已有4600多年的历史，太阳神在古埃及人心目中具有不可替代的地位，象征着光辉和力量。在古埃及神话中，太阳神每天早上乘太阳船从东边起来到西边落下，晚上在地下绕一圈又从东边回来。法老的墓穴中有太阳船是因为他希望死后能跟随太阳神一同周游宇宙。在胡夫金字塔底部，发现有5个放置太阳船的坑穴，但其中3个是空的。

由于其雄伟神秘且独具魅力的建筑设计，以及刻在胡夫金字塔上的诅咒——"无论谁打扰了法老的安宁，死神之翼都将降临在他头上""任何怀有不纯之心进这坟墓的，我要像扼一只鸟儿一样扼住他的脖子"引发的一连串离奇诡异的死亡事件，使得埃及金字塔不仅成为所有考古学家、探险家、天文学家梦寐以求的科考之地，也是激发众多文学家、电影工作者、艺术家等艺术工作者无穷想象力与探索欲的地方。众所周知的美国电影《木乃伊》三部曲和《博物馆奇妙夜》《罗浮宫魅影》《古墓丽影》等影片，都是根据古埃及金字塔的历史和遗址而勾画的令人心驰神往的魔幻殿堂。

骑着一头骆驼，漫步于金字塔前，夕阳将影子拉得长长的，忽然感觉到时间的苍茫，宇宙的浩瀚。不禁要问，金字塔真的可以让人永恒吗？那法老们的灵魂又去向了何方？抓起一把沙子，任它们从指缝间轻轻滑下。忽然想到，这些沙子无论如何都会落下，就像我们的生命，总有停止的一刻。但在风中，有的可以飘得更远、更多姿。既然如此，我们为何不做一粒随风飞舞的沙子呢？

秦始皇陵

了解君王身后事

世界上最大的地下皇陵，秦都咸阳的原型，等你来揭秘

国别：中国	最佳旅游时间：全年
位置：陕西省西安市	

世界是多彩而神秘的，有很多事情是很难解释清楚的，因此，就有了所谓的"世界八大奇迹"。而中国的秦始皇兵马俑则被称为"世界第八大奇迹"，你知道它是怎样被发现的吗？

秦始皇陵在巍巍峰峦环抱之中与骊山浑然一体，景色优美，环境独秀

其实秦始皇陵兵马俑的发现很有意思。在1974年，我国的陕西省干旱少雨，用水困难，因此，当时的临潼县西杨村决定打一眼井，队长杨培彦组织杨新满等村民打井。当井打到3.5米深时，在西壁发现了红色坚硬瓷土。有的人大喊："看，古窑！"人们继续往下挖，接下来出现的一幕更让他们惊奇：他们竟然发现了陶制的人头、残身断肢、铜箭头、弩机。当他们挖到4.5米深时，竟然发现了一层秦砖，碎陶片更是遍地都有。可是大家都没

兵马俑坑，是秦始皇陵的陪葬坑

在意，有的人把挖出来的铜器卖给供销社，而有的人干脆把秦砖拿回家当枕头。

事情就是这么富有戏剧性，这个消息不久就传到了公社干部房树民耳中。他专门来到打井现场，要求停止挖掘，并向上级汇报。因为他认为这些东西可能和秦陵有关。文化馆工作人员立即从供销社和老百姓家中收回了文物，并组织群众筛土收集文物。

随后，这些陶质残肢碎片被县文化馆赵康民修复粘成了3个大俑，命名为"秦代武士俑"。如果事情到这里就结束的话，它也就不能被世人瞩目了。这几个大俑被在家中休假的新华社记者蔺安稳发现了，他撰写的《秦始皇陵出土一批秦代武士俑》一文于同年6月在《人民日报》内参上发表。该文引起了中央领导的高度重视，于是组织了专家组去勘察清理。1979年10月1日，秦始皇兵马俑博物馆正式开馆，对外展出。

在西方人眼里，秦始皇是"中国的拿破仑"。他13岁就继承了秦国王位，22岁正式登基亲理朝政，开始了他一生轰轰烈烈的政治生涯。秦始皇陵是中国历史上第一个皇帝陵园，其规模之大、结构之奇特、内涵之丰富堪称世界之最。

陵园再现了秦国都城咸阳的布局构造，总面积相当于78个故宫。相传宫殿地下用水银做江河湖海，顶上用明珠做日月星辰，用鱼油燃灯，以求长明不火，极尽奢华。为了让秦始皇安息，陵墓四周有400多个陪葬坑和墓葬。考古学家发掘出3处兵马俑坑，出土的大约6500个兵马俑都是仿照真人、真马制成的。武士俑高约1.8米，面目各异，神态威严。据考证，兵马俑的原型是与秦始皇生活在同一个年代的人的形象，为研究秦文化提供了重要依据。

秦始皇兵马俑是可以和埃及金字塔及古希腊雕塑相媲美的世界文化遗产，它们充分表现了2000多年前中国古代劳动人民卓越的艺术才能，是中华民族的骄傲和宝贵财富。想一探究竟就亲自来陕西吧。

佩特拉古城
千年一梦

神话般壮丽的庙宇和宫殿开凿在巨大的石头崖壁之上,创造出一片缤纷艳丽的古城奇迹。

- 国别:约旦
- 位置:首都安曼以南260千米处
- 最佳旅游时间:全年

佩特拉古城几乎全在岩石上开凿而成,并以岩石的色彩而闻名于世

在充满阿拉伯神秘色彩的约旦,有一座雕刻在岩石上的梦幻古城——佩特拉。它身处约旦南部荒凉的沙漠中,是一处谜团萦绕的古代遗址。在希腊语中,佩特拉是岩石的意思。正如它的名字一样,佩特拉古城就像一个巨大的巢穴开凿在灼热的岩壁上。依山崖而建的佩特拉古城,是建筑史上的一个奇迹。20平方千米的古城,寺院、宫殿和住宅等建筑物都在岩石上开凿出来,蔚为壮观。

"令我震惊的唯有东方大地,玫瑰红墙见证了整个历史。"这是19世纪英国诗人威廉·伯根对佩特拉古城的赞美。有着"玫瑰红古城"之称的佩特拉古城是当得起这样的赞誉的,因为它实在是太美、太梦幻了。佩特拉古城的梦幻来自于有着珊瑚般微红色彩的岩石,整座佩特拉古城都修建在这些岩石上。纳巴特人不是用土筑墙,而是采用开凿石头洞穴的方式,在坚硬的岩石上修造出各种建筑:豪华的宫殿、恢宏的庙宇、独特的民居……这些建筑在阳光的照耀下发出瑰丽的红光,整座城市笼罩在这梦幻般的光芒中,仿佛琼楼仙阁一般,让人仿佛置身天堂。

这里的山体岩石主要是赭色砂岩，游客正沉醉于这美丽的山色中

在玫瑰色的山崖下，有一座奇伟雄浑的宫殿，叫作"卡兹尼宫"，又称"金库"。当地人管它叫"法老的藏宝洞"，这是古城中最古老、保存最完好的石凿建筑。宫室建在陡峭而坚固的岩石上，分为上下两层。底层由6根圆柱支撑，顶层也是由6根圆柱附壁雕成，柱与柱之间是神龛，供奉着圣母、武士等神像。这些神像比真人还大，栩栩如生，威严肃穆，颇具神韵。整座建筑建在沙石壁里，在阳光的照耀下，沙石壁闪烁璀璨，神奇无比。

由山顶俯瞰佩特拉古城，看着脚下的群山，不由得想到更远处或许还埋藏着更多的秘密。佩特拉，这座古罗马历史中流传的圣境，被维多利亚时代的诗人用文字描绘成一幅历史的画卷，悠悠岁月，壮丽的东方宝藏依旧魅力无限，让到访者们沉迷。

马丘比丘
追寻三毛的足迹

国别：秘鲁
位置：库斯科西北130千米处
最佳旅游时间：4月、8月至10月

遥远传说与现实古都仅一步之遥

著名的马丘比丘原是印加帝国的中心，印加人相信库斯科是"世界的肚脐"，从天空俯瞰整个古城，仿若一个旋转的旋涡，那是由依山就势而建的排列整齐的层层石阶和城垣组成的。由于其圣洁、神秘、虔诚的氛围，马丘比丘被列入"全球十大怀古胜地"名单。马丘比丘在印加语中意为"古老的山巅"，也被称作是印加帝国的"失落之城"与"空中城市"。马丘比丘已被联合国教科文组织定为世界遗产，是世界上为数不多的文化与自然双重遗产之一。

从16世纪中叶开始，一个有关神秘古城的传说便在秘鲁的安第斯山脉流传开来。只可惜统治秘鲁几百年的西班牙人却一直无缘得见。秘鲁独立后，许多探险家开始多方寻找，结果没有丝毫音信，只有那些展翅翱翔的雄鹰，才会在空中目睹古城的踪迹。终究功夫不负有心人，美国耶鲁大学的海勒姆·宾加曼三世教授历经千难万险，在海拔2400米的崇山峻岭间仔细搜寻，终于在距离印加古都库斯科城大约130千米处，找到了这座高原古

几个世纪以来，雄伟的古城仍安然无恙，丝毫未损

安第斯山脉中神秘的印加古城——马丘比丘

都。此时,古都已经被密林覆盖,因历史亦不可考,于是便将它命名为马丘比丘,与附近的一座山丘同名。

作家三毛的《万水千山走遍》记载了她的南美行迹,其共18篇文章中就有4篇奉献给了秘鲁,两篇着墨马丘比丘。"火车沿着乌鲁班巴河慢慢地开……这条乌日庞巴河与整个古斯各附近的山谷用了同一个名字,由高原一直进入亚马孙丛林,长长地奔流下去。火车缓慢地开着,那条河紧跟不舍,水面汹汹滔滔地竟起着巨浪,一波一波地互撞着,冒起了一阵蒙蒙的雾花来。""我坐在一块石头上,盘上了双脚……我深深地呼吸了几回,将自己安静下来,对着不语的自然,发出了呼唤。另一度空间固执地沉默着,轻如叹息的微波不肯回我。众神默默,群山不语。"

马丘比丘就是这样一个让人安静、让人听到自己心跳和大自然脉动的地方。那些巍峨的古老残垣,透出森森的凉意,和茂密的森林、透迤的山峦相得益彰,仿佛来自遥远宇宙的神秘力量生硬地在此按下了深深的印章。整个古城都被朦胧的神秘感所笼罩,静立在那高大的祭台前,只听得见"呼呼"的山风声和自己"咚咚"的心跳声。仰望那高高的台顶,你会有种忽然迷失了的感觉,似乎看到数百年前那辉煌的祭祀场面,看到那些虔诚肃立的印加人,倾听着祭司口中低沉地吟出神秘的调子……

马丘比丘的故事、来历、和曾经生活在那里的人,关于这些依然有着太多的未解谜团。它的神秘和壮美,吸引着无数人带着朝圣的心情靠近它。

复活节岛
石像的故乡

又是一个不为人知的秘境，让好奇心带你一起探索它的神奇

国别：智利
位置：东南太平洋上波利尼西亚群岛最东端
最佳旅游时间：11月至次年3月

布满苔藓的礁石，也为岛上的美景增色不少

　　复活节岛是一个与世隔绝的岛屿，它位于东南太平洋中，距离智利海岸3700千米，像一叶孤舟漂泊在万顷碧波之中。该岛的形状近似三角形，由3座火山组成。岛上多丘陵，是由海底升起的火山形成的典型的海洋中的岛屿。岛上地面崎岖不平，悬崖峭壁遍

有些石像头顶还戴着红色的石帽,重达10吨,颇为壮观

地都是。复活节岛属于热带海洋性气候,阳光充足,气候干旱,植被以灌木和草丛为主,这片岛屿充满了原始和荒凉之感。1722年复活节那天,荷兰航海家洛加文到达这座岛屿,将其命名为"复活节岛"。

很多东西与人类的生活距离太过遥远时,总会带有一些莫名的神秘,这座岛也是一样。虽然复活节岛极为荒凉,但是岛上的原住民却将自己的故乡称为"世界的中心",而波利尼亚人以及太平洋诸岛上的原住民却把它称为"拉帕努依岛",意思是"石像的故乡",因为岛上矗立着数百尊由凝灰岩雕刻而成的充满神秘的巨型石像。这些石像大多被放置在长方形的石台上,各个面朝大海,只等春暖花开,着实令人赞叹。

这些石像线条简洁粗犷,造型生动奇特,全部为半身雕像,头部硕大,长脸窄额,凸眉凹眼,长耳高鼻,昂首挺胸,凝望远方,神情或沉思,或冷漠,神态威严,目光直入人的灵魂深处。另外,一些石像的头顶还戴着一顶红岩石做的"帽子",好像一位彬彬有礼的绅士。还有一些石像,身上刻着一些符号,就像是雕刻者文于其上的图案。人们曾在这些石像的附近发现了一些刻有文字符号和奇异图案的木板,并把它们称为"会说话的木头"。一些考古专家认为,这些木板上刻着的是复活节岛的古老文字,但由于种种原因,现在这些符号已无人能够读懂,永远作为一个神秘的图案吸引着众人。

因为与世隔绝,对于到访复活节岛的来宾,岛上的居民非常热情。他们友好地献上串串花环,唱起动听的歌曲,跳起优美的舞蹈。在这个充满浓郁异国风情的小岛上,眼前女子曼妙的舞姿,耳边轻盈缥缈的歌声,让人产生一种不真实的感觉,仿佛错入另一个时空。

夏塔古道
被遗忘的美

> 暮色中，那些雪峰呈现出迷人的粉红色，仿佛少女娇羞的脸庞，让人心动不已。

国别：中国
位置：新疆维吾尔自治区伊犁哈萨克自治州昭苏县
最佳旅游时间：8月至10月

有人说夏塔是个被时间遗忘的地方，也是一处被世界遗忘的美景。也许正是这种遗忘，才让这里显得更加迷人，显得天更蓝，山更青，峡谷更加幽深和美丽。在古道的峡谷入口处，很多人就已经被这里的美震撼了，平坦的草地、苍翠的松林、潺潺的河水；远处西天山诸峰，连绵并立，直插云霄；半山之上尽是皑皑白雪，透着丝丝寒意，让人望而生畏。在它们面前，人类是那么渺小，那么脆弱。

想想自己就要从这茫茫林海、皑皑白雪间穿过，激动的心情让人辗转难眠。住在峡口草原的帐篷之中，呼呼的风声从远处隐隐传来，松涛阵阵，似乎来自旷野的呼唤："来吧，来吧，来看看大自然的伟大和雄奇吧！"

远处传来一阵歌声，是来此旅游的游人，正围着篝火载歌载舞。也许在这壮美的景色中，只有欢歌热舞才能释放心中被生活久久压抑的那种心情吧。清晨，牧民煮的奶茶香气飘遍整个山谷，在草原上休整的人已经开始陆续进山了。

踏着青青的草地，舒适又柔软，像梦，却已经醒来了。那些幽林之中，会随时跑出一两只野兔、松鼠，它们呆呆地看着游人，憨态惹得人开怀大笑。深山之中，天格外蓝，云朵又浓又白，仿佛山风早就吹净了上面所有的杂质。几座雪峰近看更加壮丽，像披着白色盛装的公主，让人只能远观不敢上前，唯恐亵渎了它们的圣洁。

当夜色开始降临之时，山上呈现出迷人的浅红色，连白雪都被染上了这种迷幻般的色彩，冷峻中显出几分可爱。在山下扎营，一轮明月挂在天空，也许是因为离天近了，也许是因为白雪的反射，山间的月夜似乎比别处更亮。那些山峰清晰可见，在月下更加婀娜多姿，不禁让人想到《诗经》中的"月出皎兮，佼人僚兮，舒窈纠兮，劳心悄兮"。

千百年来，无数人通过这条古道在阿克苏和伊犁之间穿行。汉唐和亲的公主，在此回首不见故乡，前望远路雪山连绵，此生父母难见，故土难归，忧愁哀思怎不唏嘘；西征将

夏塔峡谷是一个富有传奇色彩的胜地,气象万千

士,至此闻山风萧瑟,枭啼鹿鸣,万里寒冰,渺无人烟,思生死难知,前途未卜,如何不泣下沾襟;取经高僧,至此见雪峰圣洁,余晖呈祥,想千里求佛不得一见,数年艰辛涌上心头,岂不感恸;至于失势迁客,落魄行商,行至此道,无不失魂。忽而几声夜枭啼鸣,惨厉的叫声在山谷间回荡,久久不息,让人心中凄恻。传说,千百年中那些葬身古道的羁客迁人,不甘魂留空谷,既思家人故土,又怨命途迍邅,化而为枭,在古道间徘徊哀鸣,经久不去。

走在夏塔古道之上,看着那些刻画着图文的巨石,顿时生发出深深的沧桑之感,感慨生活的艰辛、前人的伟大。而那些从云端奔腾而下的巨大冰河、穿云接日的高峰、深不见底的峡谷,又让人斗志顿生,壮怀不已。夏塔古道就是这样一个让人兴奋又伤感的所在,它让人看到真正的生活,真正的自然!

楼兰故城
消失的文明

现在站在楼兰故城前,看着夕阳余晖洒满斑驳的土墙、破毁的房屋,不知该为中国古代文明的辉煌创造感到自豪,还是为那段受掠夺的黑暗历史感到哀伤。

国别:中国	最佳旅游时间:3月至5月、
位置:新疆维吾尔自治区罗布泊西部	9月至11月

西域古城众多,最著名的就要数楼兰了。它经常出现在诗词当中,成了西域的象征,成了诗人们梦想建功立业的地方。李白在《塞下曲》中云:"五月天山雪,无花只有寒。笛中闻折柳,春色未曾看。晓战随金鼓,宵眠抱玉鞍。愿将腰下剑,直为斩楼兰。"王昌龄则在《从军行》中云:"青海长云暗雪山,孤城遥望玉门关。黄沙百战穿金甲,不破楼兰终不还。"

可是这座古城,竟在斗转星移中被深深地埋藏在了历史的尘埃中,一直被人们遗忘了1000多年。最早提到楼兰的是司马迁的《史记》:"楼兰,姑师邑有城郭,临盐泽。"那时这个城市只有1万多人,却因为处于丝绸之路的枢纽而繁荣一时。西域人、中原人、印度人、大秦人、匈奴人在这里相聚,带来不同的文化和不同的故事。城中的旅店中聚集着往来的客商,中原乐奏、匈奴歌曲在这里悠悠传出,红装绿裳的胡姬伴乐而舞,豪放的旅人在此大碗饮酒,享受艰难穿越沙漠后的狂欢。

可惜这样一个世外桃源般的地方,却因处

胡杨木旁的楼兰姑娘雕塑,清秀美丽

楼兰故城遗址石碑

在中西交通的枢纽而卷入了汉朝与匈奴之间的纷争。国小人乏的楼兰不得不在汉朝和匈奴之间寻找脆弱的平衡，将王子送到两国为质，然而战战兢兢的楼兰人还是不得安宁，匈奴人来时便杀死汉朝的使者，汉朝回来时便进行报复，于是楼兰的国王屡次被汉、匈双方绑架、谋杀。对于楼兰的记载似乎只有大国的争雄，傅介子杀楼兰王，迁其国都。没有人关心一个小国夹在大国间的那种深深的惶恐和悲哀，甚至当争霸时期过去后，这个棋子是如何消失的都没人去管了。

直到1900年，一个来自西方的考古学家，我们经常称他为强盗—斯文·赫定来到罗布泊，他在一次意外的风沙中，发现了一座被废弃了上千年的古城，城中一片死寂，但高入的泥塔和层叠不断的房屋遗迹还在风沙中倔强地向世人诉说着它们往日的辉煌。斯文·赫定在此进行了大量发掘，毛毡、钱币、陶片、丝织品不断出土，可惜那时的中国早已乱成了一锅粥，清政府摇摇欲坠，自顾不暇，学者忙着寻找国家的出路，阴谋家们肆意谋求着窃取更多的利益⋯⋯

赫定大摇大摆地将出土文物送回了欧洲。美国、英国、日本的探险队、寻宝队接踵而至，楼兰经历了一次次地被发现、一次次地被掠夺。现在站在楼兰故城前，看着斑驳的土墙、破毁的房屋，不知该为中国古代文明的辉煌创造感到自豪，还是为那段黑暗的历史感到哀伤。呼呼的风吹着黄沙打在脸上，不知不觉地流下眼泪，也许世界便是如此，弱小的总会被滚滚黄沙掩埋。

交河故城

丝绸之路的文明

车师国曾经的辉煌已不再,留下一片完整的都城待后人追忆。

 国别:中国
位置:新疆维吾尔自治区吐鲁番市

最佳旅游时间:3月至5月、9月至11月

  从吐鲁番向西13千米,河水分流又从不远处交汇,两条分汊之间,夹着一座柳叶形的高台,此处即为交河,交河故城就建在高台之上。上千年的风雨将这座曾经辉煌一时的城市剥蚀得支离破碎、城墙倾圮、房屋破败,到处都是断壁残垣。恰值春天,高台下的几树杏花开得正旺,白色的花瓣和五彩的蝴蝶仿佛和黄土的遗迹格格不入。

  谁又曾想过,千年以前,此处曾是红楼绿苑,芳草连天。站在临河的城墙之上,远处

从这里走进世界上最大、最古老、保存最完好的生土建筑城市

黄土连天,近处河流泛碧,生活在城中的人该是多么快乐,多么幸福。那些密集的民居、纵横的市井街道、宽广的府衙、高耸的佛塔,以及作坊、瓦肆都在默默地诉说着往日的荣耀。

那时,这里是车师国的都城,是吐鲁番地区政治、经济、文化的中心。作为曾经的西域三十六国之一,车师人经营此地近千年,曾经的唐代安西都护府就设立于此。精心地选址、规划,精美的建筑让这里成了丝绸路上最热闹的枢纽之一,坚固的城墙,天然的高台,雄浑的护城河,让它成了难以攻破的壁垒。

零星的绿草给这座土城增加了一丝生机

走进交河故城,历史的沧桑感顿时将人深深淹没。城台长1600多米,中间宽300多米,四面临崖,东、西、南三面峭壁之上各辟三门,进出道路劈崖而建。整座城市模仿唐代长安城风格,中央道路贯穿南北,将城市分为东西两部分。道北有规模宏大的寺院区,建筑面积约9万平方米。大道之间,街巷纵横。街巷两边大部分为民居,民居为长方形,门向街而开,走在这些小巷之间,轻轻地抚摸被岁月侵蚀得斑驳的土墙,仿佛还能想到旧时都城繁荣的景象。

在历经数千年的风雨沧桑之后,这座城市的主体结构居然奇迹般地保存了下来

大道东侧中部为官署区,南北两侧多为民居,大道西部有很多手工作坊。大道不同于小巷,道旁尽是高高的城垣,不设门窗,庄严肃穆的氛围,千年之后还能体会得到。这里的建筑风格有中原气息,却又不尽相同。无论城墙还是民居建筑墙壁都深埋地下,说明这里不仅仅是一座居民的城市,还是一座守备森严的军事古堡。也许,千年以前,丝路上并不太平,马贼、强盗乃至敌国的军队随时会将商旅抢劫一空,甚至杀人灭口,而交河故城便是商人们得到庇护的重要场所。

可惜,这座古堡还是没能逃过战火的摧残。元代蒙古人西征攻陷了此城,后来海都集团发动战乱,故城饱受兵燹,逐渐衰落。到了明代,它就已经被遗弃了。当时的吏部员外郎陈诚出使西域来到交河,曾登临古城写下《崖儿城》一诗:"沙河三水自交流,天设危城水上头。断壁悬崖多险要,荒台废址几春秋。"

西风残照,晚霞似火,交河故城的断壁残垣仿佛涂满鲜血。游人尽去,喧闹了一天的遗址又陷入了无边的寂静,只有城下的几树杏花,还独自散发着芳香……

巴比伦古城遗址
人类文明的发祥地之一

据说这里有《圣经》中记述的未能完成的"通天塔"。

国别：伊拉克
位置：巴格达以南90千米处
最佳旅游时间：全年

巴别塔，传说中能通往天堂的高塔

有"神之门"之称的巴比伦，地处交通要道，同时为古、新巴比伦王国的首都。早在公元前2000年，巴比伦就已经是西亚最著名也最繁华的政治、经济和文化中心了。如果再往前追溯，可以发现，在公元前2350年，巴比伦便已经有人类生息繁衍，因此可以说，巴比伦是人类文明的发祥地之一。

古代两河流域的建筑水平极为高超，这一点，在巴比伦古城的建筑中得到最充分的体现。且不说那些壮丽豪华的宫殿，仅埃特梅兰基塔庙就足以显示古巴比伦人精湛的技术，这座附属于埃萨吉纳大庙的塔庙共有7层，最底端的基座边长和高度均约91米。而更引人注目的是每层由釉砖砌成，色彩斑斓，十分漂亮。塔顶的神庙专门供奉玛克笃克神金像，外身也是满铺釉彩，看上去精美绝伦。女神门是古城古

从坚固的城墙,仍能看出当年的繁荣景象

建筑中的精华,在这里,除了看神庙,还要看一看这扇门,它高12米,宽度是高度的数倍。门墙上有釉彩动物图案,这些动物形象十分生动。

从公元前539年开始,波斯人、马其顿国王亚历山大和帕提亚人先后占领了巴比伦,战争让巴比伦的发展停滞下来,最终在战争中沦为一片废墟,那彰显巴比伦繁荣昌盛的120尊石狮子也遗落在历史的长河里,无迹可寻。

到了巴比伦,一定要看一看空中花园的遗址,它被列为古代世界七大奇观之一。所谓"空中花园",只是希腊文的意译,并非指在空中建造的花园,而是一座修筑在高处的花园。传说空中花园的建造者为新巴比伦王国国王尼布甲尼撒二世,他颇有才华,修筑了许多气势宏伟的宫殿,空中花园更是将他的建筑才华展露无遗。这座花园是专门为米底的公主安美伊迪斯修建的。当时,公主远嫁至此,心里对故国甚是思念,为了哄爱妃开心,国王便在幼发拉底河河畔修筑高台,并在高台上兴建花园。花园里的建筑错落有致,逐层高升,每层都种植奇花异草,高墙壁上镶嵌有许多彩色雄狮,十分漂亮,公主行走在空中花园里,心情大好。因为修建在高台上,远远望去像是悬在空中,所以取名空中花园。

而今的空中花园,早已不见了国王、王妃的身影和当时建筑的盛况,恩爱和繁华都随风飘散,唯有这斑驳遗迹在默默诉说着过往的一切。

巨石阵
历史的困惑

国别：英国
位置：英格兰威尔特郡索尔兹伯里平原

最佳旅游时间：全年

在英国的索尔兹伯里平原上，一些巍峨的巨石呈环形屹立在绿色的旷野间，这就是英伦三岛最著名、最神秘的史前遗迹——巨石阵，又被称为索尔兹伯里石环、太阳神庙、史前石桌、斯托肯立石圈等。据推断，巨石阵约建于公元前2000年，是欧洲著名的史前时

巨石阵主要是由许多整块的蓝砂岩组成，不少巨型石块横架在两根竖直的石柱上

巨石阵的主体由几十根巨大的石柱组成，这些石柱排成几个完整的同心圆

代文化神庙遗址。

　　巨石阵是谜一样的存在，这些巨大而高耸的石块竖立在荒野、山脚，甚至在过去的沼泽地区，而当地并不是石场，这些石块就如同金字塔的石块一样，是从远处搬运过来的。

　　根据推算，巨石阵已经有4000年以上的历史，现在所剩的石头大大小小约有38块。这些石头因为经过长时间的风吹日晒，表面产生了许多奇形怪状的凹洞。巨石阵排列成一个同心圆的形状，石块大致为长方形，直立在地面上，高度超过4米。而在相邻的石块之上，还有石头横躺在顶部，有的横跨两块，有的甚至横跨4块，排列成一幅奇特的图案。

　　巨石阵在一片宽广平坦、绿草如茵的原野上矗立着，较近的地方有一条整齐优雅的公路绕行而过，现代文明的产物汽车从这里不停地驶过，巨石阵独自在这里栖息，散发着经久不衰的神秘古老气息。这个由无数硕大无比的石柱围成的建筑遗迹，由高空俯瞰呈圆形，太阳东升西落，公路记录着汽车行驶的轨迹，而这里，记录了太阳运行的轨迹。

　　由于年代久远，石柱上已经长满绿色的苔藓植物，斑驳爬行，点缀着沧桑且异常坚毅的古代建筑。阳光从石柱之间的缝隙里穿行而过，投下了长长的石柱影子。只要来到这里，人们就会惊叹于这样的事实，如此广袤的原野里连一块稍大些的石头都找不到，怎么会有如此巨大的石柱群屹立在这里呢？如此突兀的石柱和其数千年之久的历史，的确值得所有人为此着迷。

奇琴伊察古城遗址
辉煌的见证

> 昔日辉煌已然不再,但托尔特克文明从未离开这神秘之地

国别:墨西哥
位置:尤卡坦州南部
最佳旅游时间:12月至次年3月

在墨西哥尤卡坦州南部的奇琴伊察古城遗址,是古玛雅—托尔特克文明中最引人注目的一笔。在南北3000米长,东西2000米宽的范围内,有数百座建筑物,可以说在中美洲古建筑名单上,是极品中的极品。

人们推测大概在10世纪以前,奇琴伊察曾是玛雅人的一个重要据点,接下来的几百年里,它又成了托尔特克人的城市。于是今天奇琴伊察大片遗迹重见天日之时,人们看到的已是一个不完全属于古玛雅风格,也并非纯粹托尔特克风格的建筑。

奇琴伊察的库若尔甘金字塔和羽蛇神庙是最了不起的建筑。春秋季初始时分,在此地驻足,落日的阳光投影在神庙边墙上,就会出现一系列等腰三角形。阳光变化,影子由笔直渐变为波浪形,宛如从塔顶上游动而下的巨蟒,又象征着初醒的羽蛇神。人们在观看了显示季节划分的特殊效果时,还能领教古玛雅人由信仰所激发的灵感。

在奇琴伊察还有7个中美洲蹴球的球场,其中金字塔西北150米左右的球场最为引人注目,这是古代中美洲最大的球场。球场

金字塔神庙是供古代印第安人各部落祭祀神明的祭坛

○ 武士神庙，广场上竖立着200多根石柱，每根石柱的每一面都雕刻了托尔特克武士形象

内部两侧有雕刻着球员形象的石板。奇琴伊察的球赛是一种宗教仪式，祭司会在开赛前算上一卦，卦上若说"如果甲队赢，今年就会风调雨顺，否则就是个灾年"。那么最后，如果真的是甲队赢，两队可能都会获得奖赏；反之，则甲队和乙队的队长都要献上他们的人头，以平息神怒。这种场景，可以从球场的一幅队长断头图上看到。

从球场到武士神庙是一条蜿蜒的长廊，这时奇琴伊察的建筑已经开始印上了托尔特克人的足迹。长廊顶部由许多雕刻着托尔特克武士的石柱支撑，当人们缓步经过长廊时，会经历一条带有前人智慧和高超工艺结晶的道路，这也是一部记载着托尔特克民族英雄的史书。

与玛雅人信奉羽蛇神不同，托尔特克人更崇拜勇猛与强悍的猛兽。武士神庙装饰了许多以美洲虎和雄鹰为主题的壁刻和壁画，这些带有浓郁托尔特克风格的艺术作品，隐隐生威地迎送着过往的人。

或许，奇琴伊察的过往在历史长河中已渐渐为世人所遗忘，并像任何一个曾经兴盛的古城一样归于荒芜。但奇琴伊察的雕塑与建筑，那交融了两段辉煌的结晶，在世界艺术史上会永远散发夺目的光芒。

第八章

壮丽雄伟的生命乐章

埃特纳火山

喷发次数最多的火山

国别：意大利
位置：西西里岛东岸
最佳旅游时间：4月至5月、9月至11月

数千年来，埃特纳火山一直在燃烧，一直在喷发，那无尽的怒火何时才能熄灭？它在怒吼，站在上面你可以感受到它呼吸的频率。

陶尔米纳小镇头顶蓝天，背靠悬崖，面朝大海，偶尔会让人有一种"世界混沌，唯我独醒"的孤独感。不过，更多的是世外桃源的梦幻，尤其在夜里，这种感觉更甚。你看吧，在一望无际的大海边上，星星点点的灯光和天幕上那闪烁的星星交相辉映，让人分不清究竟是在人间，还是在仙境。

白天的陶尔米纳小镇非常热闹。走在街上，时常可以看到广场上的市民沐浴在阳光下，孩子们嬉笑着从街道一头溜到另一头，老年人则三五成群围坐在一起回忆着生命的美好。这里的房屋是中世纪建的，窗户和阳台上摆满了鲜花，非常迷人。

 埃特纳火山喷发时，遮天蔽日的火山灰覆盖了孤独的黑色锥形山峰

小路的两旁是油橄榄树。郁郁葱葱的树木遮掩了阳光，小路笔直，一眼可以看到尽头，走起来却很长。走出小路，在阳光中穿行。来到小镇的中心，这里汇集了很多咖啡馆和餐馆。在这里可以看到埃特纳火山，火山口喷发着烟雾，白茫茫的一片。在云雾缭绕中，埃特纳火山若隐若现。埃特纳火山是欧洲最高的活火山，"埃特纳"在希腊语中的意思是"我燃烧了"。据历史记载，它喷发了500多次，是世

○ 埃特纳火山是欧洲最高、最大、最活跃的火山

界上喷发次数最多的火山。

点一杯咖啡，慢慢享受浓郁的香气，细细品味苦中甜，甜中苦。透过窗户，偶尔看到意大利女郎从窗外走过，惊艳于她美丽的身姿和从容不迫的脚步。喝完咖啡，去圣朱塞佩教堂参观。饿了，去吃味道不错的海鲜料理，或者点一道意大利面，配合着其他菜肴，大饱口福。

既然到了这里，一定不要错过木偶戏。这里的木偶做工考究，不但形体大，服饰也很精美。尤其是那武士木偶的服饰，鲜艳明亮的战袍配上亮晶晶的金属盔甲，十分华贵。即便是普通的木偶，只要穿上这套服装，也会透出一股威严的气势来。操作者们的技术水平很高，在缓缓的音乐声中，他们提起线左右摆动，木偶便随着剧情做出各种动作来。操作者们的动作有多娴熟，木偶的动作就有多自然。欣赏完木偶戏后，还可以买一个木偶做纪念。在街头小摊上，在商店里，都能看到木偶的身影，它们整齐地排列在架子上供人挑选。

游览完小镇，你还可以去看埃特纳火山。粗略一看，埃特纳火山和其他火山没什么两样，它海拔高，山顶也有积雪。但仔细观察，你会发现，这里的火山灰就像铺了一层厚厚的炉渣，凝固的熔岩随处可见。站在火山之巅，你能感觉到火山呼吸的震动，仿佛火山有了脉搏一样，这种感觉非常奇妙。

2013年11月11日，埃特纳火山不甘寂寞，再次点燃，在蓝天的映衬下，"吐"出完美的旋涡环形蒸汽圈，有的直径长达数百米，有的还会随风不断向周围移动。

富士山
沉睡的浪漫火山

 国别：日本
位置：日本本州中南部
最佳旅游时间：7月、8月

樱花盛开之时，浪漫的爱情也悄然来临。在樱花飞舞的季节，带着心爱的她，踏着樱花，在林间追逐嬉戏，或者，邀三五好友，在樱花树下，一边品酒，一边畅谈人生。或者，摆上一地美食，合家欢聚，一起野餐，赏花。

  富士山虽然不是一座海拔很高的山，却是日本第一高峰，也是世界上最著名的活火山之一，目前处于休眠状态。山峰高耸入云，山顶白雪皑皑。它被日本人誉为"圣岳"，是日本民族的象征。富士山山体呈圆锥状，一眼望去，恰似一把悬空倒挂的扇子，日本诗人曾用"玉扇倒悬东海天""富士白雪映朝阳"等诗句赞美它。

  大约在第四纪初，由于地壳运动，火山熔岩冲破地层，喷发堆积后形成了山体。在之

富士山的白和樱花的粉完美交融，天地间只剩下纯净

○ 美丽的富士山矗立在水边，巍峨壮观

后的岁月里，富士山多次喷发，火山喷发物层层堆积，形成了典型的层状火山。现在，富士山虽然处于休眠状态，但是依然会偶尔喷出一些气体。据说从空中鸟瞰，富士山如一朵绽开的莲花，非常美丽，不过那是少数人才能领略到的美景。

在富士山的北麓，有因为火山喷发而形成的富士五湖：山中湖、河口湖、西湖、精进湖和本栖湖。其中山中湖是最大的一个，它以夏季娱乐活动闻名，可露宿野营。冬天，可在此享受垂钓的乐趣，还可以滑冰。因为这里拥有完备的服务设施，所以一些学校的体育俱乐部将它视为理想的训练场地。河口湖则因其出入便利成为观赏富士山周围美景的最佳地点。春天，从河口湖北面观赏到的富士山倒影和樱花盛开的胜景是日本美景的标志。最宁静而幽雅的当数西湖，青根树海森林已在湖西岸静静地陪伴了它几个世纪。精进湖是五湖中面积最小的一个，至今人们可在此观察到岩浆流的遗迹。它的西南面有座名为"乌帽子岳"的全方位观景台，登台环顾四周，景色宜人。本栖湖为五湖之最，它以水深且透明度极高而闻名，湖水的温度从未低于4℃，湖面终年不结冰，呈深蓝色，透着深不可测的神秘色彩。

富士山的南麓是一片辽阔的高原，这里绿草如茵，牛羊成群，是一片观光牧场。富士山的西南麓有著名的白系瀑布和音止瀑布。白系瀑布落差达26米，从岩壁上分成10余条细流，似无数白练自空而降，形成一个宽130多米的雨帘，颇为壮观。音止瀑布则似一根巨柱从高处冲下，声如雷鸣，震天动地。

无论何时，来到日本，千万不要错过富士山。

珠穆朗玛峰
挑战地球之巅

站在地球之巅,还没来得及感叹,一阵大风袭来,身体摇摇晃晃,如喝醉了酒一般。听着呼呼的风声,似乎感觉到了寒风刺骨。然而,温暖的登山服把严寒挡在了外面。五星红旗在空中迎风招展,拿出准备好的相机,拍下这值得纪念的一刻。

国别:中国、尼泊尔　　最佳旅游时间:4月至6月
位置:中国与尼泊尔交界处

珠穆朗玛在藏语中的意思是"第三女神"。因而,珠穆朗玛峰被西藏人称为"圣母"。它是世界最高峰,位于中国与尼泊尔交界的喜马拉雅山脉之上。早在清代康熙年间,清政府就在地图上明确标示了珠穆朗玛峰所在地,当时称"朱母郎马阿林"。1952年,中国政府将此峰正式命名为"珠穆朗玛峰"。

珠穆朗玛峰坐落在群峰之间,这些山峰都很高大,仅海拔7000米以上的就有40多座,但它们比起珠穆朗玛峰来,依然是小巫见大巫。群峰簇拥着珠穆朗玛峰,那场面极其

珠穆朗玛峰终年为冰雪覆盖,地形陡峭险峻,是世界登山爱好者最向往的地方

珠穆朗玛峰山脚下矗立着一座世界海拔最高的寺庙——绒布寺

壮观。

你无论如何也想不到，这片气势恢宏的群峰区，在千万年之前却是一片汪洋。长时间的海水冲刷给这里带来了大量泥沙和碎石，形成了厚厚的海相沉积岩层，这便是喜马拉雅山地区的雏形。后来，地球发生剧烈的板块运动，喜马拉雅山地区受到板块挤压被猛烈抬起，成为巍峨壮观的山峰群。而且地壳运动还在继续，喜马拉雅山的山峰还在继续增长。

有趣的是，珠穆朗玛峰是世界最高峰，但是其峰顶并不是离地心最远的地方。据科学测量，距离地心最远的点位于南美洲的钦博拉索山上。但是这并不会影响珠穆朗玛峰在人们心中巍峨的形象，以及在世界人民心中留下的印象。

面对如此高的山峰，很多登山爱好者用他们坚忍不拔的意志、吃苦耐劳的精神、锲而不舍的态度、脚踏实地的行动，终于登顶。珠穆朗玛峰顶，给人高处不胜寒的感觉。由于地理环境独特，峰顶的最低气温达零下34℃。积雪常年不化，冰川、冰坡、冰塔林到处可见。在峰顶，空气稀薄，含氧量很低，而且经常刮大风，甚至12级大风也很常见。大风一起，雪花飞舞，弥漫天际。这些都给登山者带来了重重困扰和严峻考验。

从20世纪60年代起，中国科学工作者就对珠穆朗玛峰进行了实地考察和研究，在古生物、自然地理、高山气候以及现代冰川、地貌等方面，都获得了丰富而有价值的资料，为中国开发利用西藏高原的自然资源提供了极其重要的科学依据。

高山险峻，依然不能阻挡人类探索的脚步。中国探险者的精神将伴随着五星红旗，在世界最高峰上飘扬。

梅里雪山

雪山之神

国别：中国
位置：云南省迪庆藏族自治州
最佳旅游时间：10月至次年5月

所有赞美的词汇，在它的面前都显得肤浅……

雪山下汉白玉雕成的三座白塔直指苍穹

梅里雪山自古以来就是藏族人民心目中的一座神山。绵延数百里的雪峰，孕育了传奇与神秘的传说，它以巍峨的姿态在天地间高高耸立。

主峰卡瓦格博海拔6740米，是云南的第一高峰，被称为"雪山之神"。相传它是九头十八臂的煞神，后被莲花生大师点化，皈依佛门，成为格萨尔王麾下的神将，统领边疆，守卫雪域高原。卡瓦格博神像常常被供奉在神坛之上，是藏族人民心中伟大的保护神。

梅里雪山耸立蓝天之下、白云之上，形状如同一座白色的金字塔，圣洁、孤傲、巍峨、壮观。这是一座需要人们虔诚崇拜的雪山。即使你对佛教没有太多的了解，即使你不相信命运轮回，但当你站在它的面前，看到这座高贵优雅的雪山，想想自己的渺小时，便不由自主地生出敬畏之心。

最美莫过于天空晴朗的时候，清远高洁的天空，映衬着雄伟巍峨的雪峰，山体自上而下色彩分明。山顶上白雪皑皑，银装素裹；山腰上绿树成荫，秋意浓浓；山脚下则山花烂漫，蜂飞蝶舞。底层颜色杂乱、中层颜色黯淡、高层则耀眼，卡瓦格博白色的光芒从云间

梅里雪山山尖宛如鹰嘴，两侧巨大的岩石如同鹰的两翼，整个山峰宛如展翅欲飞的雄鹰

穿梭而过，在广阔的空间划出一道明亮的线条。

有时，梅里雪山还会出现"破天"的奇观：湛蓝的天空下，卡瓦格博峰巍峨耸立，四周洁净，仿佛天地间只有它的存在，山尖云雾缭绕，卡瓦格博峰就像是一把宝剑直指苍穹。这时天空就会出现一个白色的旋涡，不知是天空在吸收雪山的灵气还是把灵气灌输给雪山，十分奇特。在晴朗的天空下，一览无余地欣赏卡瓦格博峰身姿的机会是不常有的。更多的时候，它隐于云雾之中，整个雪峰朦朦胧胧，虚无缥缈，眼前的世界，一片苍茫。

霞光普照，梅里雪山在金光的映照下犹如巨龙般金光闪闪，蜿蜒而去，煞是壮观。

梅里雪山是佛教徒朝觐的圣地，沿途所有的景物都具有灵性，它会指引人们到达圣山、保佑人们心想事成。因此在转经路上，随处可见虔诚的朝拜者，他们"双手合并置于头顶，手印置于喉际，再置于心际，俯身双手着地，向前平伸推出"。他们口念箴言，一步一叩首地绕山前行，山上风大，他们甚至要紧紧地贴在地上，躲避风雪，但却从来没有停下过前行的脚步。每年秋末冬初，成千上万的藏族民众进山朝拜，场面之壮观、感情之真挚，足以让人热泪盈眶。满山的人群、五彩的经幡、遍地的印迹，都在精神的世界里凝为永恒。

虽然梅里雪山的旅游基础设施还不是很完善，但每年到这里探秘的人数以万计，这其中的艰辛可想而知。梅里雪山是自然造化赐予人们的福地，它默默无言却庄重威严，这里的一花一草都折射着雪山的暗示。如果有一天，生活的苦难、尘世的喧嚣压得你不得喘息，不妨走进梅里雪山，它会带给你慰藉，让你重拾勇气和信心。

神农架

幽境探秘

国别：中国
位置：湖北省西部
最佳旅游时间：5月至10月

野人传说？地质公园？还有更多奇迹等着我们去发现……

"山脚盛夏山顶春，山麓艳秋山顶冰。赤橙黄绿看不够，春夏秋冬最难分。"这首诗生动形象地描写出了神农架地形、气候的多样迷人。由于湿热的东南季风和干冷的大陆高压循环交替，以及高山森林对热量、降水的调节，这里形成夏无酷热、冬无严寒的宜人气候，当南方城市夏季普遍高温难耐时，神农架却是一片清凉世界。

箭竹林间，怪石嶙峋，姿态迥异，引人入胜

神农架包括神农顶国家自然保护区、燕天景区、香溪源旅游区和玉泉河旅游区四大景区，是中国内陆唯一保持完好的一片绿洲，拥有在世界中纬度地区唯一保持完好的亚热带森林生态系统，动植物区系成分古老且珍稀。冷杉、岩柏、梭罗、珙桐等遮天蔽日，金丝猴、白熊、苏门羚、大鲵、白鹤以及金雕等出没于草丛林间。

来神农架旅游，一定不能错过那些幽深、奇秀的峡谷：红坪峡谷、关门河峡谷、夹道河峡谷、野马河峡谷，个个雄伟壮观。峡谷中长满了珙桐、银杏、杉树、松柏等各种树木，即使在盛夏里走进这些山谷也会享受到带着不同树木香气的阵阵轻风。阳光穿过树叶，在头顶形成了一片柔光闪耀的帷幕，斑斑点点的光影投在地面上，落在嫩草丛中，掉进清澈的溪水中，伴着风，伴着流水不断地摇晃，仿佛一支柔和的催眠曲，让人想躺在这青青的草地上，静静地放松身心。

阴峪河、沿渡河、香溪河、大九湖风光绮丽，那些潺潺的流水从桃李林中穿过。每到花开时节，满

陡峭的群峰，氤氲的薄雾，美妙如一幅惊世图画

树的粉红映在流水中，美得如同陶渊明笔下的桃花源。落英飘散在河水中，惹得游鱼相互追逐，掬水轻嗅，香气沁人。既为这美欣喜，又为春暮而伤感，不觉发出"流水落花春去也"的感慨。

神农架多样的地质奇观，更是让人拍案叫绝。万燕栖息的燕子洞，时冷时热的冷热洞，盛夏冰封的冰洞，一天三潮的潮水洞，雷响出鱼的钱鱼洞，处处如仙境；泉飞瀑、云海佛光透着祥和的柔光。

这里还有古老的传说和古朴的民风，人与自然共同构成中国内地的高山原始生态文化圈。神农氏尝草采药的传说，"野人"之谜，汉民族神话史诗《黑暗传》，川鄂古盐道，土家婚俗、山乡情韵……都具有令人神往的魅力。

085

长江第一湾

惊心动魄的美

毅然转身,划出一道优雅而深邃的弧线,这条弧线承载的,不仅是如山般的性格,还有浓墨重彩的历史,共同诉说着岁月的安详与沧桑。

 国别:中国
位置:云南省丽江市石鼓镇

最佳旅游时间:夏、秋两季

江水在横断山脉的高山深谷中穿行

万里长江从世界屋脊青藏高原奔流而下,金沙江、澜沧江、怒江在横断山脉的高山峡谷形成"三江并流"的奇观。金沙江本要向南流出国界,可是江水有情,它毅然掉头向东,汹涌澎湃地穿山绕林,形成了罕见的"V"字形大湾。"江流到此成逆转,奔入中原壮大观",那个转身的地方,成就了天下奇观——长江第一湾。

金沙江向来多情。相传,澜沧江、金沙江、怒江三姐妹结伴游玩,半途发生争执,澜沧江、怒江固执地向南前行,金沙江姑娘立志要到太阳升起的地方寻找光明与爱情,于是告别两个姐姐,毅然向东而去。在这一转之间,显露出无尽的柔情。

这一带,江水清幽、水势平缓,岸边杨柳依依,微风吹过,它们随风起舞,舒适且懒散地摇摆着身姿。春天,岸边、山间、谷旁,金黄色的油菜花铺满大地,映入眼帘,连江水都变得耀

水势宽衍，江水清幽，景色奇美

眼，闻着花香，人仿佛置身于流光溢彩的宫殿之中；夏天，捧一杯冷饮，仰卧在铺满阳光的摇床之上，或闭目静思，或聆听渔歌悠扬，岂不美哉；秋天，把双脚浸入水中，仔细感受江水带来的清凉，沉醉于秋风吹拂面孔的清爽，别有一番滋味；冬天，不老的青山为雪白了头，无忧无虑的江水因风荡起了涟漪，碧绿的江水伴着苍茫的冬景，一丝伤感袭上心头，真愿人生从此过，不羡红尘世俗人。

有谁能想到，如此静谧优雅的景色，也曾遭受战火的洗礼。转弯处的沙松碧对岸，有一座历史名镇——石鼓镇，因镇上有一个用汉白玉雕刻的鼓状石碑而得名。据民间传说，"世事动乱，鼓自裂开；天下太平，鼓又自己闭合"。又相传诸葛亮平定南中，在此"五月渡泸"；木天王在此埋有宝藏，引得众人追寻，这些无从考证的传说为石鼓镇蒙上了一层神秘的面纱。

石鼓镇背依青山、面朝江水，进可攻，退可守，向来是兵家必争之地，长江第一湾也因此见证了历史朝代变迁以及民族团结。这里还是红军北上抗日过滇西、渡金沙江的渡口，石鼓碑后面的"红军长征渡口纪念碑"就是红军和各族人民深厚友谊的见证。它俯瞰长江第一湾，庄严雄伟，和第一湾相得益彰，也尽显红军的英勇风采。

石鼓镇依山而建，路边墨绿色的护堤林和碧绿的稻田为它镶上了两道边。镇中石阶蜿蜒而上，道路均由青石板铺就，古朴庄严，置身其中犹如走进了江南小镇，安静而祥和，家家户户喜植兰花，更增添了它的文艺气息。走进石鼓镇仿佛踏入了历史文化的长廊，岁月堆积的厚重和沧桑、自然风景的静谧和安详，使得它民风淳朴而又肃穆威严。

长江第一湾也因此变得更加美丽和深刻，它正不断地展开怀抱，把美丽传递给每一个人。

维苏威火山

暂时睡着的火山

当它清醒时，愤怒的大火冲天而起，无尽的火山灰在天空弥漫，阻挡了太阳的光芒。这些火山灰落在被灌满熔岩的庞贝城上，成了一张巨大的裹尸布。维苏威火山喷完怒火，再次陷入沉睡。

国别：意大利	最佳旅游时间：9月至11月
位置：意大利西南部那不勒斯湾东海岸	

  维苏威火山至今依然活跃着，不过人们仿佛早已习惯了和这座活火山相互依存，山脚下的小村庄便证明了这一点。小村庄有高速公路通往外界，路边一栋栋漂亮的白色小屋在碧绿苍翠的林间时隐时现，而小轿车也在公路上悠然行驶，仿佛危险并不存在一般，一切都是那么美好。

  但人们怎么可能忘了那一夜之间被火山吞噬的庞贝！在意大利西南部那不勒斯湾东

从火山灰中发掘出来的庞贝古城，房屋保存得比较完整

看似沉静的维苏威火山就像是一颗定时炸弹，刺激着意大利人的神经

海岸，维苏威火山就像是一头盘踞在那里的雄狮，似醒非醒。睡着的它是那不勒斯和庞贝的守护神，它肥沃的土地养育着这里的人们。一旦它醒来，就会将这片土地吞入口中，庞贝便是最好的例子。

从空中俯瞰维苏威火山，可以看到一个圆形火山口，十分漂亮。但想要近距离欣赏它，还是要沿着公路上山。随着四周的岩石裸露，火山灰堆积，眼前的景象逐渐变得荒凉。相传以前火山口四周的悬崖峭壁上长满了各种不知名的树木和草藤，而底部却是光秃秃的。但现在去看，就连火山顶也是光秃秃的一片了。

到了徒步登山处，下了车，可以看到有人在售卖地图。其实，沿着脚下的路就能到达山顶，地图是为那些从不同路线上山的人准备的。

维苏威火山并不像你想的那样难以攀登，即使不常登山的人也能轻松登顶。上面有小商店，可以提供饮料、食物以及纪念品。

站在火山口边缘向下看去，四周如同被开采过的矿山一般凹凸不平，锥斗里面沉积着许多碎石，除此之外并无他物。火山口是由黄色、红褐色的固结熔岩和火山渣组成的。整个火山口非常安静。

站在维苏威火山顶向四下眺望，处处都充满生机：公寓、别墅、宾馆星罗棋布，它们根据主人的喜好而五颜六色，也因地貌的起伏而高低错落，它们的存在给维苏威火山增添了许多人文气息。火山表面生长着各种树木和经济作物，葡萄、柑橘等应有尽有。由于土壤是肥沃的火山灰，所以这些经济作物长势都十分喜人，给当地居民带来了十分丰厚的经济收入。

火山喷出黑色的烟云，炽热的火山灰雨点般落下，有毒气体涌入空气中。半个多世纪以来，维苏威火山已不再喷发，但是它仍不时地喷出气体，似乎在告诉人们，它只是暂时睡着了而已。也许有一天，它会再次醒来，重演惊天动地的一幕……

锡安山国家公园
神圣之地

这块"神圣的安详之地",险象环生,难以攀缘,让人望而生畏。

国别:美国　　最佳旅游时间:夏季
位置:犹他州

若是看过太多的峡谷,便不再惊艳于它们的雄奇美丽了。但是在锡安山,这种感觉将会被打破,这一切都得益于它艳丽的色彩。

跨越美国"山地时间"和"太平洋时间"两个时区的变更线,沿着I-15公路进入犹他州一路向南,几个小时后,1919年建成的锡安山国家公园便静静地等候在路的尽头。

锡安山峡谷最著名的"大白皇座",其岩石色彩颇有层次,从峡谷谷底拔地而起,巍然耸立,甚为壮观

高大险峻的悬崖峭壁和峡谷,加上淙淙流水点缀,构成了一幅美丽的山水画

一根根华美的玉柱，立于五彩缤纷的峡谷中

锡安山国家公园位于美国犹他州西南部。公园的风景主要集中在锡安山峡谷。这条由维尔京河冲刷而成的峡谷长25千米，两侧谷壁陡峭，几乎可与地面呈垂直状态。抬头仰望，四壁险象环生，难以攀登，只能看到一块几平方米的天空；陡峭的山谷虽然让人望而生畏，但是谷中美丽的岩石色彩绚烂，让人不忍移步。一层一种色彩，一层一段传奇。从鲑鱼红到柠檬黄，又跃至云英紫，之上陡然变成琉璃红，间或有阳光跳跃其中，无疑是一场流光溢彩的视觉饕餮盛宴。当夜晚降临，如水月光无声地流淌在峡谷间，纯粹的银色覆盖了其他一切色彩，峡谷退却了日间的嚣杂，表现出宁静淡泊的气质。这是人间和天堂的终极关卡，无穷无尽地向前延伸着，仿佛只要向前，便能找到心中的天堂。

锡安山的意思是"上帝的天城"，仿佛冥冥之中这片土地得到了神的首肯，以其出人意料的瑰丽而与众不同。"大白皇座"孤峰是其中最引人注目的景观，它高达427米，自峡谷谷底而起，巍然耸立。令人称奇的是，这座山峰的山体色彩层层更迭，由暖色系逐渐向冷色系过渡，从底部的深红，到后来的品红、淡红、粉红、乳白，直至顶上葱茏绿树，如同一根绝美的彩色玉柱，昂然挺立于峡谷当中，与天神对话。

夏季是锡安山最迷人的季节。潺潺的溪流蜿蜒曲折地流过，河边的枫树、白杨和崖壁上的嫩绿地衣在日光中妩媚地招摇。若爬到峡谷顶端，俯瞰脚下，水将群山环绕，当夕阳西下，两旁的峡谷被染成一片金黄，让你不禁赞叹天地如此美丽、博大。

在锡安山，感受大自然的朴实，以此来洗涤心灵，生命因此而得到升华。

乞力马扎罗山

最惬意的清凉

国别：坦桑尼亚联合共和国	最佳旅游时间：1月至3月
位置：坦桑尼亚东北部	

高高的山顶白雪皑皑，山腰云雾缭绕，充满神秘莫测的气氛，等到云雾散去，银白晶莹的峰顶在金色的夕阳余晖的照耀下，显得五彩缤纷，绚丽灿烂。如此美景深深吸引着世界各地的游客。

乞力马扎罗山位于坦桑尼亚东北部，是坦桑尼亚和肯尼亚的天然分界线，也是非洲最高的山脉。乞力马扎罗山素有"非洲屋脊"之称，地理学家也称它为"非洲之王"。因为火山和雪山并存，所以每年都会吸引大量游客来这里观赏。

乞力马扎罗山的山顶终年积满冰雪，但山脉的四周都是山林，生活着许多珍稀动物。为了方便游客们来这里游览，也为了保护当地的生态环境，当地政府特意修建了乞

 雄伟壮观的乞力马扎罗山，银装素裹

力马扎罗国家公园和森林保护区等景区。乞力马扎罗山是非常值得来看一看的，这里生长着热、温、寒三带野生植物，栖息着热、温、寒三带野生动物，这是在其他任何地方都很少见到的景象。

乞力马扎罗国家公园的最高点是乞力马扎罗山，乞力马扎罗山山脉东西绵延80多千

乞力马扎罗山的冰雪融水孕育出非洲最具活力的一片土地

米，主要由马文济峰、西拉峰、基博峰3座山峰组成，其中马文济峰和基博峰最为著名。为了避免游客误入危险区域，当地政府专门开辟了几条旅游路线。莱莫绍线是从乞力马扎罗山西侧出发，行程的前两天要在沙拉峰的热带雨林中度过。随着海拔逐渐升高，路线变为沿着乞力马扎罗山南麓环绕上山，在这里你可以饱览山下广阔无边的坦桑尼亚大草原，那里有许多野生动物繁衍生息。最后进入山顶阶段，身边景色会变成皑皑白雪，犹如仙境。尤其是黄昏的时候，山顶的云雾偶尔散去，银白晶莹的峰顶在金色的夕阳余晖的照耀下，显得五彩缤纷，绚丽灿烂。一般来说，从莱莫绍线登山需要8天时间，游客可以充分适应高山上的环境，这样，等到登顶的时候，就不会觉得太辛苦了。在所有路线中，有人认为莱莫绍线的风景是最美的，许多欧美游客都喜欢尝试这条稍有难度的路线。

另一条是马切姆线，又名威士忌线。这条线就像威士忌酒一样，略带辛辣却又不难入口，一杯下肚，回味悠长。漫步在森林中，会看到希拉高原上的高沼地、基博和西部沙滩，还有美不胜收的鲜花。那里群山秀美，芒蒂火山口花木葱茏，景色宜人，值得一看。从那里可以遥望基博和马文子，视野开阔。这条路线坡度较缓，还有很多小木屋，可以使队员得到休息，保存体能，一边登山一边观景，能更好地适应高山，而且安全性较高。

无论走哪条路线，最终都能到达山顶。虽然乞力马扎罗山峰顶部终年积满冰雪，但在山腰上依然生长着茂密的森林。火山灰飘散到山脚下，形成肥沃的土壤，这里生长着许多热带植物，铺天盖地，一望无际。山麓四周的莽原上，有非洲象、斑马、长颈鹿、犀牛等野生动物，还有一些珍稀动物，都在那里自由自在地生活着。

乞力马扎罗山是位于赤道附近的"赤道雪峰"，这一晶莹的冰雪世界令世人称奇。在过去的几个世纪里，乞力马扎罗山一直是令人着迷的山，因为在赤道是很难存在雪山的。因此，乞力马扎罗山一直是坦桑尼亚人心中的骄傲。多少个世纪以来，许多当地人一直认为，乞力马扎罗山是"上帝的宝座"。他们把它视若神明，很多部落民族，每年都要在山脚下举行传统的祭祀活动，拜山神、求平安。

乞力马扎罗山也是世界各地登山爱好者云集的地方，常有各种肤色的登山爱好者聚集在这里大显身手。无论从哪一条线路登上山顶，沿途都是悬崖峭壁，十分艰险，但登顶却是一件令人终生难忘的事。

马特洪峰
欧洲群山之王

在群山环抱的冰川之城中，喜欢运动的你可以买一套滑雪用具展现你精湛的滑雪技艺；喜欢安静的你可以早早地来到冰河之下，在装饰华美的地下世界里，一边品酒，一边听音乐；在冰川之城，如果你喜欢挑战自我，还可以去攀登令人畏惧的马特洪峰。

国别：瑞士、意大利　　最佳旅游时间：夏、秋两季
位置：瑞士与意大利边境

在山花的掩映下，仍可看到一柱擎天、直指天际的马特洪峰

在晨光初照、山花烂漫之际登上山顶，伸手就能触摸到天边的云；在晚霞伴随炊烟升起之时，采一抹斜阳，看着一群群倦鸟返巢。但是，并不是所有的高山都难以攀登，也并不是所有的高山都需要攀登。在山脚下的小镇中游玩，一边享受小镇的惬意，一边欣赏高山的美景，也是一个不错的选择。

采尔马特是瑞士的一座小镇，有着"冰川之城"的美称。它位于阿尔卑斯山脉的群峰之中，是世界著名的无汽车污染的山间旅游胜地，因马特洪峰的存在而身价不菲。小镇环境幽雅，空气清新。马特洪峰无比阳刚，气势宏伟，在欧洲有"群山之王"的美誉。两者相结合，刚柔并济，产生无与伦比的美景。

在采尔马特小镇，你可以一

里弗尔湖正对着马特洪峰,可以清晰地看到山峰的倒影,若不是微风吹起了湖面微澜,会让人误以为自己走进了画中

边领略瑞士风情,一边欣赏马特洪峰的雄伟壮丽。沿着小镇中心街道向东走去,其热闹繁华不输一般小城的闹市。街道两侧多是卖旅游纪念品的商店,而各种体育用品店、面包房和咖啡馆也鳞次栉比。一路走来,可以看到很多穿着各式滑雪服、背着各种滑雪板的滑雪爱好者,厚重的滑雪套靴使他们不得不以独特的方式迈着大步,显得有些滑稽。

采尔马特一年四季都可以滑雪。这里雪质优良,除了绝佳的登山健行步道与最受人们喜爱的滑雪场,还有冰川飞度椅、欢乐滑雪座、单腿蹬滑板等雪上运动项目,是人们欢聚一堂的度假胜地。而马特洪峰则是登山爱好者的天堂,它是瑞士引以为傲的象征。它拥有特殊的三角锥造型,以其一柱擎天之姿,直指天际。

每当朝阳升起,或者夕阳西下,美丽的阳光使常年积雪的山体折射出金属般的光芒,摄人心魄。马特洪峰是阿尔卑斯山脉中最后一个被征服的主要山峰。不算攀登技术上的困难,单单那陡峭的外形,就给了登山者极人的心理恐惧和压力。

采尔马特位于马特洪峰山脚下,是观赏马特洪峰的最佳地点。小镇的中心马特菲斯河边,更是观赏马特洪峰晨曦的不二之选。在这里,沿着河道远望马特洪峰,没有了屋顶和树枝的遮挡,视野更开阔。对观光客而言,在这里观赏,马特洪峰只是一个遥不可及的美景;然而对登山者而言,这里是攀登马特洪峰的起点。

马特洪峰独特的造型和陡峻的山势,吸引了众多登山爱好者前来挑战。1865年7月14日,马特洪峰首次迎来了成功登上山顶的客人。此后,登山爱好者一年四季都来攀登马特洪峰。

贡嘎山

瑶池仙境

雪山脚下,冰川清澈透亮,展现地理奇观,又造就了蜀地宛如香格里拉的人间仙境

国别:中国
位置:四川省甘孜藏族自治州
最佳旅游时间:5月、6月

 陡峭挺拔的山体,直插云霄,格外壮美

"蜀道难,难于上青天……尔来四万八千岁,不与秦塞通人烟。"这是诗仙李白描写蜀山的诗篇。但是李白只顾感慨山的险峻、峭拔,却忘记了赞颂"蜀山之王"贡嘎山的奇丽与庄重。

贡嘎山位于川藏交界处,主峰海拔7556米,是闻名世界的横断山系第一高峰。在藏语中,"贡"是雪,"嘎"是白,其意思就是"洁白的雪峰"。贡嘎山主峰周围林立着145座冰峰,群山连绵起伏、险峰簇拥、白雪皑皑,是雪域高原上的神山,被视作世界第一高峰——珠穆朗玛峰的妹妹。多年以来,贡嘎山与海螺沟隐秘在高原之上,蒙着神秘的

连绵起伏的贡嘎山，被誉为雪域高原上的神山

面纱，不为世人所熟知。

贡嘎山区是现代冰川较为完整的地区，以罕见的冰川奇观闻名于世。由于冰川运动，形成了冰川弧、冰川断层和冰塔、冰桥、冰川石蘑菇、冰城门等，它们造型奇异，或优雅，或怪异，或雄壮，气势磅礴，令人不得不赞叹大自然的鬼斧神工。冰川内凌空挂起的大冰瀑布由无数巨大的冰块组成，其落差很大，巨型冰瀑布横挂天空，似乎奔腾咆哮的河水在一刹那被神力冻结，雄伟壮观，气势恢宏，令人望而生畏，堪称奇迹。当冰体崩裂的时候，冰体间的摩擦会产生放电的现象，山谷轰鸣，动人心魄。

贡嘎山的一大奇特之处在于它的生态和气候都呈现出显著的垂直变化，相对落差达到6000多米，因此产生了"山顶白雪皑皑，山腰树木稀疏，山脚鲜花烂漫"的独特景观。在山脚下，气候温和，植被繁茂，山腰红叶纷飞，比起香山还要略胜一筹，而到了山顶却是一片银装素裹的严冬景象。各种植物之间层次如此鲜明，一路攀爬可以领略一年四季的变化，是世界上罕见的生态奇观。景区内还点缀着10个·高原湖泊，著名的有木格措、五须海、人中海、巴旺海等，它们或在冰川脚下，或为森林环抱，水色清澈透明，保持着原始、秀丽的自然风貌，仿佛"瑶池仙境"。

贡嘎山不仅是旅游观光的地方，更是国际上享有盛名的高山探险和登山胜地。因山峰发育为锥状大角峰，周围绕以60°～70°的峭壁，攀登困难。1932年，美国探险队攀登成功。中国登山队于1957年6月到达峰顶。

人人都在寻找自己心中最美的风景，相信来到这里，你会认为这是最美的地方，游览完，你也一定会从心底爱上这里。

乔戈里峰
世界第二高峰

相传乔戈里的王子恋上了慕士塔格的公主，相思成疾，公主的眼泪化作了冰川，王子的灵魂则氤氲成了慕士塔格最绚烂的彩霞，留下的只有冰冷的乔戈里峰。

国别：中国、巴基斯坦
位置：中国和巴基斯坦交界处
最佳旅游时间：2月至10月

"乔戈里"在塔吉克古语中，意为"高大雄伟"。的确，乔戈里峰是高大雄伟的，海拔8611米，被国际登山界称作"K2"，在世界海拔8000米以上的14座高峰中排名第二，仅次于珠穆朗玛峰。

从远处眺望乔戈里峰，它冰雪雕琢的表面总是有迷雾笼罩，灰黑色的山体与白色的

乔戈里峰被称为"野蛮巨峰"

乔戈里峰虽然地形复杂多变，环境恶劣，但风景极其秀美

积雪相映，夕阳斜照时总是散发着一种独特的、震撼人心的魅力。走近了，再细细地看乔戈里峰，虽然山麓到山腰植被也算茂密，但那丛丛的灌木却让人联想到了凄婉与荒凉。

不同于珠穆朗玛峰的郁郁葱葱，阿尔卑斯山脉的温柔多情，乔戈里峰在人们的印象中从来都是冷峻而野蛮的。登顶乔戈里峰比征服珠穆朗玛峰还要难上数倍。春末夏初，当春花旖旎、夏花烂漫的时候，从麻扎达拉徒步6天，看着戈壁，踩着黄土，伴随着偶尔出现的塔吉克民宿，就来到了音红滩，乔戈里峰大本营就在这里。

音红滩最美丽的时候不是黄昏，也不是初晨，而是午后。当午后阳光最明媚的时候，活泼的音苏盖提河水被镀上一层淡淡的金色，河岸边婆娑的红柳在微风中炫耀着自己的婀娜，绿茸茸的水草发出欢快的笑声，鱼儿调皮地围着水草打转，牛儿羊儿也撒欢儿般用蹄子刨着松松的土，此时，与爱人依偎在红柳下绝对是一种浪漫。

相偎无言，直至星月满天，携手站在河边，抬望眼，音苏盖提冰川正闪烁着灿烂的光辉；瑰丽的塔林，巨人的冰舌，刀锋般直插天际的冰峰，虽然不是特别巨大，但却别有一种幽邃深沉的美。

恍惚间，似乎做了一个梦，梦中登顶乔戈里峰。醒来后，天已经亮了，迎着朝阳，音苏盖提冰川依旧巍峨，作为背景的乔戈里峰遥远得仿佛在天涯。那一刻，突然有所感悟，人生能有一次机会和世界第二高峰如此接近，便不该再存其他奢望。

第九章

历史中游荡的人文景观

故宫博物院
世界最大的宫殿建筑群

70多座宫殿、9000多座房屋，让故宫成为世界上现存木质结构占建筑中规模最大、保存最完整的建筑群

国别：中国
位置：北京市东城区
最佳旅游时间：全年

世界上有很多座宫殿，排名前五位的是中国的故宫、美国的白宫、英国的白金汉宫、法国的凡尔赛宫和俄罗斯的克里姆林宫。在这5座宫殿里，名列榜首的是故宫。无论是中国游客，还是外国游客，来到北京游览的第一站就是故宫。

故宫又被称为"紫禁城"，是明成祖朱棣于1406年开始修建的，用了14年时间才修建好。后来的明清皇帝大都居住在这里，到清朝统治结束，一共有24位皇帝在这里居住过。这是一座木质结构的建筑群，是世界上现存宫殿里规模最大、保存最完整的，被联合国教科文组织列入《世界遗产名录》。

故宫有4个大门，分别为午门、神武门、东华门和西华门。午门的前方是端门，端门的前方就是天安门。人们来参观的时候，多选择清晨到达天安门，看升国旗仪式。结束后，便排队进入午门。午门的地砖保持着原来的样子，脚踩在上面，便如同一脚踩进了中国的明清历史中。

如果人少的话，可以登上天安门城楼，去看一看辽阔的天安门广场和广场前的十里长街。但一般早晨去天安门城楼的人很多，如果不

故宫博物院内的宫殿宏伟壮观

故宫博物院宏大的建筑群在天空下金碧辉煌，气派宏伟

想排队可以直接穿过午门，前往太和殿。

太和殿、中和殿和保和殿是故宫中的主要建筑，统称三大殿。这三个大殿高矮不一，造型不同，屋顶形式也不同，但它们都很宏伟。透过红墙青砖和黄色的琉璃瓦，能感受到明清时期那段厚重的历史。金碧辉煌的大殿，在向人们诉说着那段岁月里中国的繁荣和昌盛；重重大门则让人想起封建王朝森严的等级秩序。

在故宫的4个城角修建有高耸的角楼，它们高约30米，重檐迭出、多角交错。相传当初朱棣修建紫禁城时，下令管工大臣一定要在4个角修建角楼，而且是九梁十八柱、七十二条脊。大臣哪里知道这样的角楼该怎样修建，一时间一筹莫展。后来还是一名心灵手巧的木匠设计出角楼的模型，最终的角楼就是按照这个模型建造出来的。相比起三大殿的雄伟和壮观，角楼更加精巧和奇丽，与三大殿正好相互映衬。

故宫共有上万间房屋，每一间房屋都有一个或多个精彩的故事。想要逛完所有的房间是不可能的事情，就连故宫的工作人员挨个把房间走完还需要好几个月呢。最好的办法就是去几个重要的景点，三大殿、三宫六院、珍宝馆、钟表馆，这几个地方一定要去。在这里，能看到故宫里最为珍贵的文物。要知道，悠久的历史给故宫留下的不只是这些建筑，还有大量珍贵的文物。

漫步在故宫里，在这座世界上最大的宫殿建筑群中追溯那段历史，任时光慢慢流淌，是一件很美的事情。

阿尔汗布拉宫
风格繁复而精致

> 摩尔人将西班牙古建筑中的精华留存在阿尔汗布拉宫,也把它推进了世界著名建筑行列。

国别:西班牙
位置:安达卢西亚省北部,格拉纳达城
最佳旅游时间:全年

 阿尔汗布拉宫美丽的花园

中国有一座故宫,名叫紫禁城;而西班牙也有一座故宫,名叫阿尔汗布拉宫。比起紫禁城的历史,阿尔汗布拉宫的历史要早很多年。8世纪阿拉伯人在圣尼古拉广场修建了一座要塞,这便是格拉纳达城的雏形。随着岁月的推移,格拉纳达城发展起来并变成了文化中心。到了13世纪,奈斯尔王朝建立,穆罕默德一世决定在这里建造一座宫殿,这便是阿尔汗布拉宫。宫殿还没有修完,奈斯尔王朝就终结了,但宫殿却并没有停止修建。新国王继续修建,阿尔汗布拉宫终于完成。

格拉纳达城是由一个要塞发展起来的,所以它的地势非常险要。阿尔汗布拉宫又位于格拉纳达城最高的地方,所以它是险中之险。阿尔汗布拉宫有150米高,它盘踞在城东的山头上,山上树木葱茏,阿尔汗布拉宫就掩映在这葱茏的树林中,在山脚下看它有一种高耸入云的感觉。而站在宫殿里的瞭望塔上,又可以俯瞰全城的风景。

阿尔汗布拉宫曾是西班牙伊斯兰教的军事要地,也是西班牙宗教历史变迁的见证,在

○ 阿尔汗布拉宫辉煌而美丽

这里能看到纳塞瑞斯皇宫、赫内拉里菲宫、阿卡萨巴城堡、狮子庭院和爱神木中庭，是它们组成了阿尔汗布拉宫这座经典建筑。

参观阿尔汗布拉宫，需先从司法门进去。这是一座圆拱形的门，灰色的城砖承载着这座城市的厚重和沧桑。穿过司法门，便是一座大型喷泉，墙上雕刻着小天使，清澈的水柱从喷泉口喷涌而出，在夏日给人一丝清凉。

喷泉的后面就是阿尔汗布拉宫的宫门，远远看去，那方方正正的城门倒有点像长城的烽火台。只不过烽火台是青砖，而阿尔汗布拉宫的宫门是黄砖，与湛蓝的天空和无瑕的白云相映成趣。

穿过宫门，便来到了纳塞瑞斯皇宫的入口。和中国的故宫一样，这里每天也都会有很多人参观，会排长长的队伍。不过纳塞瑞斯皇宫可没有故宫大，所以会限制参观人数，每小时只放行600人参观，如果你要想早一点进去的话，建议在网上订票。

和外面的黄砖灰土截然不同的是，皇宫里面到处都是各种各样复杂的阿拉伯风格图案，这些图案花纹繁复，却又不失精美。皇宫的大厅里面，四壁的上方都开有窗户，这些窗户镂空雕花，与天花板上的花纹一致，交相辉映。阳光从窗户照进来，落在墙壁上那些阿拉伯风格的纹饰上，尽显宫殿的奢华，让大厅充满一种富丽堂皇又不失神秘的异域风情。

在阿尔汗布拉宫里，爱神木中庭也是宫殿最为重要的一个组成部分，这里一直担任着举办外交和政治活动的重任。在中庭的中间，有一个矩形的水池，由大理石连柱围合而成，水质清澈，皇宫倒映其中，非常梦幻迷离。

站在宫殿里的观景台上，可俯瞰格拉纳达城的全景。那一座座充满西班牙风情的建筑引人遐想。

敦煌莫高窟
令人向往的佛教圣地

莫高窟是一座佛教艺术圣殿，与云冈石窟、龙门石窟、麦积山石窟合称为"中国四大石窟"，因其规模宏大、内容丰富被列入《世界遗产名录》。

国别：中国
位置：甘肃省敦煌市东南25千米
最佳旅游时间：5月至10月

佛教在中国有悠久的历史。说起佛教艺术宝库，人们便会想到甘肃的莫高窟，这里有历史上最悠久和规模最宏大的佛教塑像及壁画。

从甘肃敦煌市区乘车往东南方向的鸣沙山，10多分钟以后就能到达莫高窟。在鸣沙

○ 神秘的敦煌莫高窟令人向往

山的崖壁上分布着大大小小的洞窟，一共有735个，分布在南区和北区。南区有洞窟492个，这些洞窟里面供奉的是彩色雕塑，大约有2400多尊，还有约4.5万平方米的壁画。

这些石窟不是同一朝代开凿的，主要集中在北朝、隋、唐、五代、宋、西夏和元朝。北朝的塑像大多有体态健硕、神情端庄、厚重朴实的特点，而且大多有飞天和千佛这些西域佛教中的形象造型。西魏和北魏时期的佛像雅致、神情宁静，具有一种洒脱的中原风格。在这些塑像中，最让人惊叹的是犍陀罗样式的释迦牟尼塑像，他慈眉善目，端坐在石座上。

在这众多的石窟中，有大部分是隋唐时期开凿的。隋唐的塑像，高大威武，而且造型丰满，都有着温和的表情。如果说北朝和魏朝的佛像给人以佛家的庄严感，那么隋唐的佛像不但让人感受到佛家的庄严，还让人得到美的享受。隋唐的佛像表现出了女性的优美身段，而且塑像身上的袈裟线条流畅，栩栩如生。从这里也可以看出隋唐时期艺术技巧空前高超。

晚唐和宋代的石窟中，塑像的精美程度稍有减弱，不过这时候的壁画技艺有所提高，莫高窟里最大的壁画《五台山图》便是这一时期的作品。约66平方米的图画里面，山西五台山的山川、地形、城池、楼阁、寺庙一一呈现，气势非常壮阔。而在西夏和元代开凿的洞窟里面，无论是壁画还是雕塑，都有西藏密宗的痕迹。

北区一共有243个洞窟，是当年僧侣们修行和居住的地方，洞窟内多是灶坑、烟道和灯台等，几乎看不到彩塑和壁画，但能看到当年那些僧侣们生活的场景。

在莫高窟旅游，一定要参观藏经洞，那里曾保存有5万多件文物，内容多为历代的文书、字画、刺绣等，还有浩瀚的经书，它们体现着敦煌学的内涵，每一件文物都堪称国宝。让人遗憾的是，许多珍贵的文物已被英国、美国、日本等国攫取，真是让人痛心疾首。

站在鸣沙山上，眺望远方，只见沙漠茫茫，身边的莫高窟就像一颗宝石镶嵌在这无边的沙漠中，千百年来散发着璀璨的光芒，吸引着人们向它靠近。

敦煌莫高窟里的壁画栩栩如生

都江堰
人类治水工程的典范

都江堰是以2000多年前修筑的以无坝引水而著称于世的水利工程,被称为"世界水利文化的鼻祖"。

 国别:中国
位置:四川省成都市都江堰市
最佳旅游时间:全年

　　都江堰始建于秦昭王末年(约公元前256—前251)。当时成都平原是一个旱涝频发的地方,由于地处四川盆地的洼地,所以这里经常遭受水灾;四川如果干旱的话,这里也是承受旱灾最严重的地方,真可谓民不聊生。

◎ 都江堰水坝壮观的景象

自从李冰父子担任了蜀郡太守，一切就发生了翻天覆地的变化。他们大兴水利工程，修建了都江堰，将岷江的水牢牢地掌控起来，不再让它肆意奔腾，而是发挥灌溉的作用，从此成都就变成了旱涝保收的天府之国。

　　都江堰景区的景点主要有伏龙观、观景亭、碑亭、金刚提、安澜索桥、二王庙、步云梯、玉垒阁等。它们依次分布在都江堰景区里面，如果要去参观的话，按照上面的顺序依次走，就不会错过任何一个景点。

　　都江堰的景区入口在市区，位于离堆公园里面。进去以后先去都江堰的博物馆看一看，对景区有一个大致的了解以后，再进入景区里面去实际观看，就会有一个更加直观的感受。之后再去伏龙观，在那里能够看到都江堰水坝修建者李冰的塑像。这个塑像不但有纪念意义，而且是我国现存最早的圆雕石像，有很高的艺术价值。伏龙观是一座古朴的寺庙，被油漆刷红的院墙和屋顶的青瓦给人一种历史的沧桑感。

　　站在伏龙观的后面，可以看到宝瓶口和飞沙堰。宝瓶口景如其名，宛若一个瓶口斜卧在地上，它能控制出水量和进水量。当年李冰父子将这里挖开，挖出来的石堆放在附近，形成一个小山包，人们叫它离堆。飞沙堰是都江堰的三大件之一，也是作用最大的一个要件，它控制着都江堰的泄洪排沙水量。如果宝瓶口的水太多，就会从飞沙堰里自行溢出；如果水量实在太大，飞沙堰就会自行溃堤，让江水汇流到岷江。它还具有阻拦砂石和石块的作用，防止宝瓶口被泥沙淤堵。

　　都江堰水坝的分水堤形如鱼嘴，因此名为鱼嘴，它位于岷江的江心，把岷江水分成内

俯瞰都江堰奇美的自然风光

◉ 都江堰石雕，形象逼真

外两个部分，外江用于排洪，内江用于人工灌溉。

在鱼嘴之上，有一座横跨内外两江的桥梁，这就是安澜索桥。索桥全长约500米，由钢筋混凝土打造而成。不过这都是现代改建的，最早的时候安澜索桥是用竹索和木板修建而成，因此又被称为竹藤桥。据考证，这是川西地区最早的索桥。站在桥上，能看到岷江汹涌的江水一泻千里。

都江堰水利工程气势宏伟，欣赏都江堰的最好角度是从空中一窥全景。以前想要一窥全景，必须乘坐直升机。幸好现在都江堰景区开创了VR全景旅游体验，在地面上就可以以无人机的视角俯瞰都江堰的全景。

台北101大楼
最适合欣赏台北夜色的地方

> 高科技的材质与新颖的创意，以及与周围大环境的融合，让台北101大楼成为台北市的地标建筑。

  国别：中国
位置：台湾省台北市信义区

最佳旅游时间：全年

一直以来，提到台湾，人们便会想到日月潭。然而，在台北市的信义区有一个标志性的建筑，那就是台北101大楼。这是座由世界级建筑大师李祖原精心设计的大楼，远远看上去，层层相叠，充满了律动美感。它一落成，便被称为"国际摩天大楼"。

台北101大楼高508米，在它落成之时是世界上第一高楼，只是随着时代发展，它被迪拜的哈利法塔所超越，但这并不妨碍它国际大楼的地位，因为它有其他大楼无法超越的优点。

首先，大楼的安全设施齐全。由于台湾位于地震带上，因此这里随时都有可能遭遇强震，在这里修造建筑一定要防震。建筑一定要有极大的弹性，才能抵抗强震带来的波动。于是设计师在台北101大楼的中心设计了一个用8根钢筋组成的巨柱，这样就让101大楼有了良好的弹性，即使面对强震，大楼也不会坍塌。

台湾每年夏天都会受到台风的侵袭，所以建筑还要承受得住台风的袭击。为了避免台风带来的危害，设计师将大楼外形设计成锯齿状，这样就能减少建筑因风所产生的摇动。在台北101大楼里面，有一个景点是独一无二的，那就是减少风力破坏的风阻尼器。它重达660

101大楼有世界最大的风阻尼器

台北101大楼傲视群雄，周围的建筑跟它比起来显得那么渺小

吨，位于101大楼的88～92楼，游客可以乘坐电梯到这里去参观这个世界上最大的风阻尼器，亲眼看一看它是怎样减缓建筑物晃动的。

台北101大楼是一座防震抗风的大楼，更是一座集办公、观景台和购物中心于一体的大楼，从B1楼到4楼全部是购物中心，在这里你能买到世界上顶级的商品，可以称得上是购物天堂。在这里你还能够品尝到特色美食，享受艺术气息浓厚的运动休闲空间。

最妙的是楼顶的观景台，从电梯入口直接乘坐电梯，仅用30多秒就可以到达91楼。站在室外观景台上，可以俯瞰台北市的全貌。

夜里，你无论站在台北市的哪一个角落，都能看到台北101大楼。因为它会打上灯光，而且每一天的灯光颜色都会不一样，7天会更换7种颜色，所以它又叫七彩灯光大楼。在特殊的日子里，灯光还能打出不同的花样，这些花样千奇百怪，又符合那一个日子的特殊主题，非常有创意，让人非常惊喜。

每年的跨年烟火表演，是台北101大楼最美丽的时刻，它会吸引百万人来参观，这已经成为台北最知名的跨年活动。如果你在台北过年，一定要去看台北101大楼的烟火表演，这个年才会过得有滋有味。

巴黎圣母院
巴黎最经典的建筑

哥特式风格的基督教堂让它成为巴黎的象征，其中收藏的大量艺术品又让它成为法国最著名景点。

国别：法国
位置：巴黎市中心的西堤岛上
最佳旅游时间：5月至10月

雨果认为，巴黎的建筑精髓是巴黎圣母院，这位挑剔而浪漫的作家为这座中世纪建筑花费了洋洋百万字的笔墨。巴黎圣母院位于法国巴黎市中心的西堤岛上，是一座哥特式教堂建筑，还是天主教巴黎总教区的主教座堂，这两点使它具有了无与伦比的建筑艺

巴黎圣母院地下墓穴中古老的城堡雕塑

术魅力和历史价值，引来无数人的惊叹。

巴黎圣母院最显著的特点，便是高耸挺拔、辉煌壮丽、庄严和谐。之所以有这些特点，是因为它通体都是由石头修筑而成的。因此在《巴黎圣母院》里，它又被誉为"石头的交响乐"。作为人类历史上最美丽的宗教建筑之一，巴黎圣母院魅力四射。

巴黎圣母院坐东朝西，正面有各种塑像和雕刻品，还有3个门洞。其中，中央拱门上雕刻的是基督教里最著名的最后审判的故事；右边门上的雕像是巴黎圣母院最古老的雕像，雕刻的内容则是圣安娜的巴黎圣母院雄伟壮观故事和路易七世受洗的场景；左边拱门上则雕刻着圣母受难复活，被天使们环绕的场景。

在拱门的上方是君王雕像，一共28个，他们都是旧约时期的君王，只不过这些雕像并非真品，而是重新雕塑的复制品，真品在克吕尼博物馆里。这些君王雕像曾经引起法国人的误会，在法国大革命时被拆掉，法国

● 巴黎圣母院雄伟壮观

人发现是误会后就赶快找回并收藏起来。虽然这些君王雕像只是复制品，但依然不妨碍它们的精美，而它们又将巴黎圣母院衬托得更加庄严。

巴黎圣母院的地下有一个墓室，入口在教堂前面一个不起眼的地方。墓室里收藏着巴黎从罗马时代开始的大量文物。这些文物很古朴，看上去或许非常廉价，其实个个都价值连城。

巴黎圣母院免费向大众开放。只要你排队，就能进入这座天下闻名的教堂，去观赏它积淀了千年的历史文化。在那高旷的大厅里，灯虽然多，却依然略显昏暗，不过这并不能阻挡这宽阔空间给人的震撼。

去巴黎圣母院里参观，幸运的话可以赶上主教做弥撒。大厅里满是虔诚的信徒，他们垂眉闭目，双手交叉抵住下巴，专心地听主教诵经布道。大厅里人很多，却只有主教的声音在大厅里回荡。

圣索菲亚大教堂

土耳其的辉煌

拉丁柱廊式的大教堂以及巨大的圆顶,让圣索菲亚大教堂成为当时世界上最著名的建筑,被称为"改变了建筑史"的拜占庭式建筑的典范。

国别:土耳其
位置:伊斯坦布尔

最佳旅游时间:全年

圣索菲亚大教堂位于土耳其的第一大城市伊斯坦布尔,于325年由君士坦丁大帝始建,后受损于叛乱。

到了532年,查士丁尼一世续建圣索菲亚大教堂。这座教堂至今已经有1500多年的历

金碧辉煌的圣索菲亚大教堂

🔵 黄昏下的圣索菲亚大教堂更加美丽迷人

史。在这1500多年中，大教堂经历了无数的风雨。

　　从圣索菲亚大教堂的外面看，可以看到建筑物气势恢宏，庄严肃穆，充分体现出古代拜占庭人那卓越的建筑艺术和浓烈的宗教意识。不过走进大教堂，看到内部那精美绝伦的装饰，你的视觉感官又会被彻底征服。

　　教堂主体呈长方形，占地面积近8000平方米，前厅有600多平方米，中央大厅则达5000多平方米。巨大的圆顶直径达33米，距地面55米。以帆拱上的穹顶为中心的复杂拱券结构平衡体系是拜占庭式建筑的代表，高不可攀的穹顶和气势恢宏的大理石柱带给人一种强烈的震撼。

　　教堂四周有40个窗户，阳光从窗户上透进来，教堂里变得迷幻起来，营造出一种神秘的宗教气氛。与迷幻气氛相对应的便是穹顶上方的圣母圣子像，抬头看向那画像，便能感受到强烈的宗教氛围。

俯瞰伊斯坦布尔,远处的圣索菲亚大教堂雄伟壮观,引人瞩目

  圣索菲亚大教堂的装饰除了富有宗教特征,还富丽堂皇。教堂的内壁全用彩色大理石砖和五彩斑斓的马赛克镶嵌画装点铺砌,马赛克图案都是用黄金做原材料的。与之相对应的是大主教的宝座,以纯银打造而成,而教坛上则镶满了象牙和玉石。在这座金碧辉煌的大教堂里,每一个细节都体现出帝国的权力和无与伦比的财富。

  在同一座建筑中,完整地保留着两种不同宗教的标志,世界上此类建筑物并不多见。而且在这座教堂内可以看到两种宗教并存的微妙关系。2009年,修复人员打算为大教堂做一次全新修复。在教堂的穹顶上,他们意外地发现了完好的马赛克天使头像,这个头像被掩藏了很久,经确认是拜占庭时期的作品。由于圣索菲亚大教堂在1453年被改为清真寺,东正教的各种图画和头像便被隐藏起来了。直到两种宗教在这座大教堂里并列存在,这些才重现于世。

金门大桥
雄峻依旧，见证着人类智慧

国别：美国
位置：加利福尼亚州旧金山金门海峡上
最佳旅游时间：全年

金门大桥位于美国加利福尼亚洲，横跨金门海峡，北连大陆，南接旧金山半岛，其有着罕见的单孔长度、距离海面60余米的高度，是设计者的智慧结晶，更是世界桥梁史上的佼佼者。

美国之旅的行程中，如果没有金门大桥，是不够完美的。在旧金山当地，流传着一句广为人知的话："到了旧金山，必看金门大桥。"即使你看过无数次图片，当目光与金门大桥触碰的第一秒，你仍能感觉到内心的震撼。如果你在金门大桥上慢慢行走，眺望一下夜晚的海湾风景，你会觉得世界就是由一个个奇迹组合而成的。桥下百舸争流，远处万家灯火，这样的美景，我们一生之中也未必能够遇见几回。

金门大桥建于宽1900多米的金门海峡上，是享誉世界的著名桥梁，也是近代桥梁工程的一项奇迹。大桥于1933年1月5日开始施工，1937年4月完工，同年5月27日对外开放。1957年之前，金门大桥是世界上最长的悬索桥，在1964年之前拥有世界上悬索桥中最长的跨度。这座桥梁北端连接北加利福尼亚，南端连接旧金山半岛。由于大桥太长，很多人对大桥的最佳观赏点展开了旷日持久的争论，但实际上无论你从哪个角度来欣赏、拍摄，这座魅力四射的桥梁都是令人沉醉的。

现在公认的最让人兴奋的观景

橘色的金门大桥犹如长龙蜿蜒而去

金门大桥矗立在蓝天白云下,雄伟壮观

点有3个,分别是:桥身南侧的尖兵堡、靠近莎萨利托的观景点以及大桥另一边靠西的瞭望台。游客可以花半个小时徒步走完整座桥,然后再坐轮渡返回,以举目眺望的视角回望这座人类桥梁史上闪耀着璀璨光辉的桥梁。如果有幸在金门大桥上看到落日,一定会令你终生难忘。这里的夕阳晚景非常壮观,海浪、金辉、云霞,你的人生格局都可能会因为此情此景而放大。

金门大桥桥身的颜色在世界众多大桥之中显得非常独特,橘色的桥身令人感觉到温暖。涂刷成这种颜色是因为建筑师艾尔文·莫罗认为橘色既和周边环境协调,又可使大桥在金门海峡常见的大雾中显得更醒目。这座大桥由于新颖的结构和超凡脱俗的外观,在国际桥梁工程界被广泛认为是美的典范。

好莱坞的电影大鳄们也都把视线锁定在金门大桥上,《猩球崛起》《X战警》《蓝色茉莉》《当幸福来敲门》《环太平洋》等众多美国大片中都出现了金门大桥的身影。这些影视作品给金门大桥带来了更为丰富的形象,而金门大桥也成为人们无法忘却的风景。

东京塔

欣赏东京的最佳观景点

国别：日本	最佳旅游时间：2月至10月
位置：东京都港区芝公园	

在20世纪50年代，用埃菲尔铁塔一半的建筑材料和一年半的造塔时间建成的、能够抗地震、防台风的东京塔，在一夜之间震惊了全世界。

人们一直都被埃菲尔铁塔特殊的造型和精美的工艺所震撼，东京塔的出现让人们更加震撼。它比埃菲尔铁塔高，用的材料却仅有埃菲尔铁塔的一半，而且建造时间只有一年半。以上3个指标就足以将世人的目光全都吸引过来，因此，东京塔一问世，就震惊了全世界。

东京塔的外形有点类似埃菲尔铁塔，也是四脚支撑，棱锥体，站在地面远望可见细细的塔尖直插云霄。因为塔身涂上了乳白色和橙黄色相间的颜色，所以东京塔显得比埃菲尔铁塔更加艳丽。

东京塔的主要任务是发送无线电波，不过设计师也独具匠心地在塔上设计了观景台和商场等，以供游客们观光娱乐。二楼观景台在250米高的地方，在三楼还有一个规模很大的蜡像馆，四楼则有科学馆和电视摄影棚。

250米高的观景台距离地

东京塔矗立在蓝天白云下，美丽无比

东京的黄昏景象，风光无限，美丽迷人

面有563级台阶，若要爬楼梯的话可要好一会儿呢，不过幸好有电梯，只需要1分钟就可以到达观景台。观景台是一个由玻璃镶装而成的房间，游客们站在这里，可以俯瞰东京的全貌和瑰丽的富士山风光。如果是在夜里，还能看到东京的夜色，绚丽多彩，非常漂亮。

在东京塔的三楼，除了蜡像馆，还有吉尼斯世界纪录东京博物馆，博物馆里收录了吉尼斯世界纪录中各种形形色色的人和事，那些奇奇怪怪的纪录，一定会让你觉得妙趣横生。

其实，观看东京塔最美的位置，不是在塔下，也不是在塔顶，而是在附近的增上寺里。增上寺就位于东京塔脚下，这是一座与众不同的寺院，没有林立的高墙，只有一排排树木将寺院围起来，外面就是马路。你可以选择只坐在樱花树下，眺望东京塔，享受难得的美景。

本图书由北京出版集团有限责任公司依据与京版梅尔杜蒙（北京）文化传媒有限公司协议授权出版。

This book is published by Beijing Publishing Group Co. Ltd. (BPG) under the arrangement with BPG MAIRDUMONT Media Ltd. (BPG MD).

京版梅尔杜蒙（北京）文化传媒有限公司是由中方出版单位北京出版集团有限责任公司与德方出版单位梅尔杜蒙国际控股有限公司共同设立的中外合资公司。公司致力于成为最好的旅游内容提供者，在中国市场开展了图书出版、数字信息服务和线下服务三大业务。

BPG MD is a joint venture established by Chinese publisher BPG and German publisher MAIRDUMONT GmbH & Co. KG. The company aims to be the best travel content provider in China and creates book publications, digital information and offline services for the Chinese market.

北京出版集团有限责任公司是北京市属最大的综合性出版机构，前身为1948年成立的北平大众书店。经过数十年的发展，北京出版集团现已发展成为拥有多家专业出版社、杂志社和十余家子公司的大型国有文化企业。

Beijing Publishing Group Co. Ltd. is the largest municipal publishing house in Beijing, established in 1948, formerly known as Beijing Public Bookstore. After decades of development, BPG now owns a number of book and magazine publishing houses and holds more than 10 subsidiaries of state-owned cultural enterprises.

德国梅尔杜蒙国际控股有限公司成立于1948年，致力于旅游信息服务业。这一家族式出版企业始终坚持关注新世界及文化的发现和探索。作为欧洲旅游信息服务的市场领导者，梅尔杜蒙公司提供丰富的旅游指南、地图、旅游门户网站、App应用程序以及其他相关旅游服务；拥有Marco Polo、DUMONT、Baedeker等诸多市场领先的旅游信息品牌。

MAIRDUMONT GmbH & Co. KG was founded in 1948 in Germany with the passion for travelling. Discovering the world and exploring new countries and cultures has since been the focus of the still family owned publishing group. As the market leader in Europe for travel information it offers a large portfolio of travel guides, maps, travel and mobility portals, Apps as well as other touristic services. Its market leading travel information brands include Marco Polo, DUMONT, and Baedeker.

DUMONT 是德国科隆梅尔杜蒙国际控股有限公司所有的注册商标。

DUMONT is the registered trademark of Mediengruppe DuMont Schauberg, Cologne, Germany.

杜蒙·阅途 是京版梅尔杜蒙（北京）文化传媒有限公司所有的注册商标。

杜蒙·阅途 is the registered trademark of BPG MAIRDUMONT Media Ltd. (Beijing).